AF366571

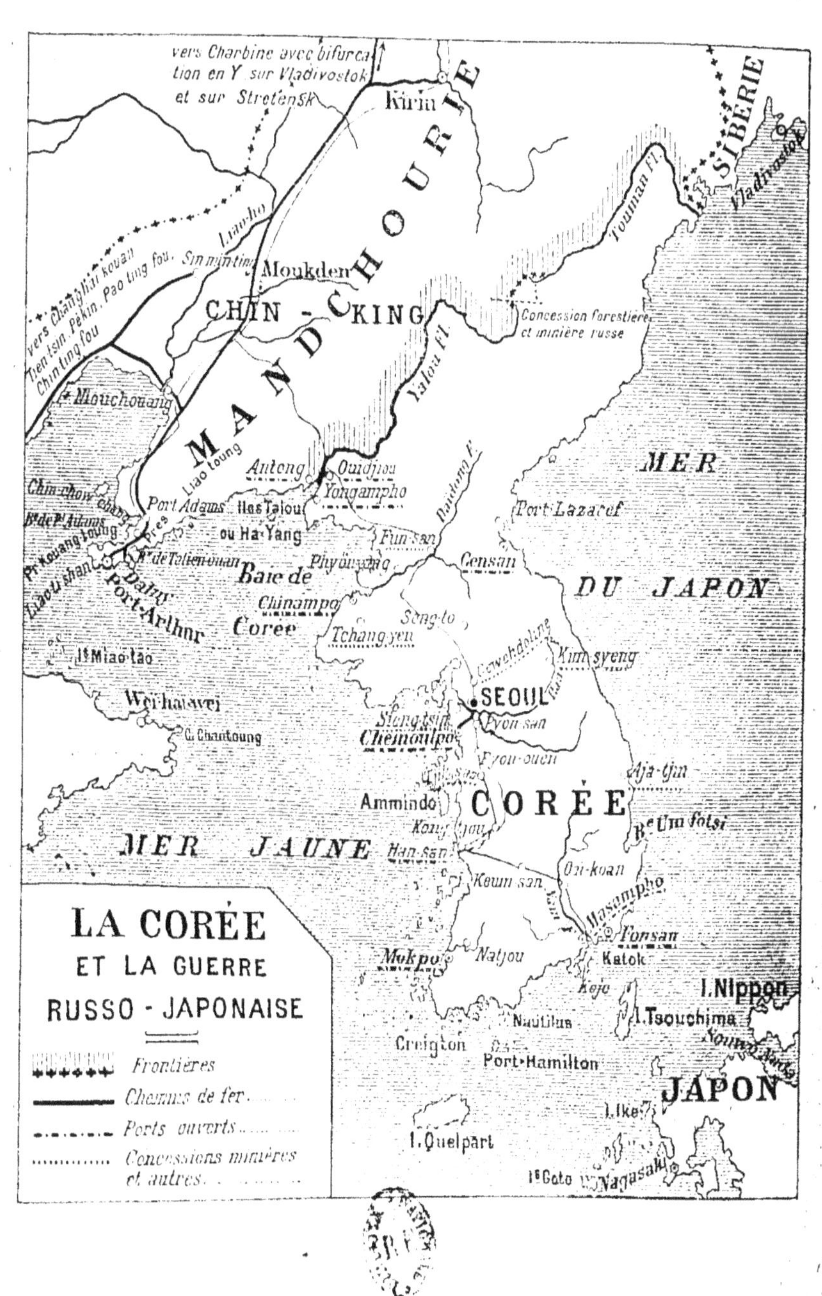

vers Charbine avec bifurca-
tion en Y sur Vladivostok
et sur Stretensk
Kirin
SIBÉRIE
Vladivostok
Touman Fl.
MANDCHOURIE
Liao-ho
Moukden
vers Changhai kouan
Tien tsin Pékin. Pao ting fou. Sin min ting
Chin ting fou
CHIN - CKING
Yalou Fl.
Concession forestière
et minière russe
Mouchouang
Liao toung
Antong
Oudjou
MER
Chin chow chang
Port Adams
Ilas Talou
Yongampho
Port Lazaref
B. de P. Adams
ou Ha-Yang
Fun-san
Pte kouang toung
R. de Telien-ouan
Fhyöngang
Censan
DU JAPON
Liao ti shan
Dalny
Baie de
Port-Arthur
Chinampo
Seng-to
Corée
Tchang-yen
Cowehdoline
Kim-syeng
I. Miao-tao
SEOUL
Wei ha wei
Fyou-san
Siang-tsiu
C. Chantoung
Chemoulpo
Fyou-ouen
Aja-tjin
Sasa
Ammindo
CORÉE
B. Um fotsi
Kong-jou
Ori-koan
MER JAUNE
Han-san
Keum san
Masampho
Mokpo
Natjou
Fonsan
Katok
LA CORÉE
Kojo
I. Nippon
ET LA GUERRE
Nautilus
I. Tsouchima
Kouo toung
RUSSO - JAPONAISE
Creigton
Port-Hamilton
JAPON
Frontières
I. Ike?
Chemins de fer
Ports ouverts
I. Quelpart
Concessions minières
I. Goto
Nagasaki
et autres

VILLETARD DE LAGUÉRIE

La Corée
et la Guerre
Russo-Japonaise

PARIS

LIBRAIRIE CH. DELAGRAVE

15, RUE SOUFFLOT, 15

La Corée
et la Guerre
Russo-Japonaise

CHAPITRE PREMIER

La Corée. — Origine de ce nom.

La *Corée* a reçu le nom par lequel nous la désignons du marchand hollandais Hendrik Hamel, que sa mauvaise étoile détourna de la route de Nagasaki sur les rochers de l'île Quelpaert, en l'an de grâce 1653. Il fut emmené l'année suivante à Séoul, et y fut retenu pendant douze ans.

Il avait à choisir entre *Cho-sen (Matin calme* ou *Sérénité du matin)*, nom officiel donné à un royaume vassal par les empereurs de Chine depuis 2356 (avant J.-C.) (Manuel du lecteur chinois, de Meyen), et *Ko-rio*, nom donné à sa dynastie par le roi Ouang Keum, qui unifia en un seul Etat les trois grandes principautés de

Tjyen-la, Païk-tchaï et Ko Kourien, établies dans chacune des trois grandes régions naturelles de la Corée, et fonda sa capitale au Pic des Pins *(Song do)*, aujourd'hui Séoul (XIIIe siècle).

Hamel choisit *Korio*. Pourquoi? Seul, il aurait pu le dire, car le nom qu'il écartait n'était ni plus bizarre ni plus difficile à prononcer que *Koraï*, ajouté par lui à tous les rébus que la nomenclature géographique propose à la sagacité des Œdipes philologues et étymologistes.

Le quasi-pseudonyme que la Corée doit à cette fantaisie n'est d'ailleurs employé que par les Blancs. Les Chinois, les Japonais disent toujours *Cho-sen*, et, jusqu'à 1896, les Coréens nommaient ainsi leur pays. Depuis ils ont docilement adopté le terme *Daï Han (Grand Han)*, choisi par leur souverain pour consacrer diplomatiquement le nouvel état des choses créé par son affranchissement de la suzeraineté chinoise.

La guerre entreprise par le Japon contre la Russie, a la Corée pour enjeu. Le manifeste du Mikado, en effet, développe, presque exclusivement, les droits que prétend, sur le *Pays du Matin calme*, l'empire du Soleil Levant. Il oppose ces droits à la situation internationale que créerait en Extrême-Orient et dans la région asiatique baignée par les mers du Japon et Jaune, la conquête de la Mandchourie par les Russes. Il ne dissimule plus ce qui avait été caché en

1894, et, par là même, il montre que la guerre commencée par la surprise de Port-Arthur, le 8 février 1904, dans la nuit, est un essai de revanche de celle qui débuta par la surprise du *Kowshing*, le 29 juillet 1894, et finit, après l'intervention amicale de la Russie, de la France et de l'Allemagne, par une convention annexée au traité de Chimonosaki, le 8 mai 1895, laquelle stipula la rétrocession à la Chine, moyennant une indemnité de 130 millions, du territoire de Weï-Haï-Weï et de la presqu'île du Liao Tong (dont les deux positions navales de Tai lien Ouan (Dalny) et Port-Arthur, commandent à la fois, la Corée, la Mandchourie et le Tché-Li.

Le Transsibérien, allongé du Transmandchourien, s'étale brusquement, à Karbine, en coup d'épervier : une pointe à Vladivostock et l'autre à Port-Arthur. Le poisson sur lequel il tombe est la Corée. Il la ramène dans sa poche. La proie est-elle assez belle pour justifier le brusque recours aux armes du Japon contre la Russie?

C'est à cette question que l'étude suivante est destinée à fournir une réponse.

La Terre.

A quiconque rapprochait les observations d'un voyage et coordonnait avec elles les documents, ou plutôt les traditions par lesquelles ceux-ci sont remplacés dans le passé lointain des peuples jaunes, la Corée apparaissait, il y a dix ans, nouée, comme la Chine, son institutrice révérée, et pareille à ces êtres dont on dit communément qu'ils sont nés vieux, ou qu'ils n'ont jamais été jeunes.

Flanquée, sur la mappemonde, de la Sibérie au nord, de la Chine à l'ouest et des îles japonaises au sud, elle suggère l'idée d'un fruit tendu du tronc d'un arbre aux convoitises des voisins ou des passants.

La presqu'île saillante qu'elle occupe tout entière fait pendant à celle du Kamtchatka sur le rivage opposé à celui de la mer du Japon, et à la presqu'île du Chantong sur l'autre bord de la mer Jaune. Un détroit, large de 200 kilomètres en moyenne, la sépare au sud de l'archipel né, selon une gracieuse légende, des gouttes d'eau tombées de la lance écarlate du dieu Isagani, juste à point pour que sa femme Nanami eût un nid pour mettre au monde Amaterasou, ancêtre de la dynastie encore régnante à Tokio.

Cette presqu'île coréenne est orientée, à peu près exactement sud-nord. Le 125° méridien Est de Paris la traverse de part en part, presque au milieu, et elle s'étend, en chiffres ronds, du 34° au 43° parallèle, sur 901 kilomètres de long, à la même distance de l'équateur et du pôle, par conséquent, que le nord de l'Espagne et l'extrême midi de la France.

On ne peut la nommer une « pomme de discorde » que par le transfert d'une métaphore du domaine politique dans le domaine physique (en géographie, bien entendu). Si on lui trouve, en effet, une forme analogue dans le règne végétal, ce n'est pas celle du fruit auquel l'humanité doit le péché originel, le cidre et la charlotte russe, mais, révérence parler, celle du concombre, dont le « Pays du Matin Calme » a le galbe cylindrique graduellement aminci en pointe déviée.

On l'a comparée souvent à l'Italie. L'examen attentif d'une carte n'induit cependant pas à accepter ce rapprochement, et moins encore l'analyse des divers traits du relief, de l'hydrographie, du climat et des productions de la presqu'île séparée du Pacifique libre par le chapelet des îles du Japon.

L'ossature de la Corée est contemporaine des plus anciens archipels cristallins qui ont ébauché, au-dessus des eaux universelles, la première figure de notre planète. Le mica, le micaschiste, le talc, le granit, la granulite, le silex et autres roches primaires la constituent. Elle semble n'avoir subi ni la sédimentation secondaire ni la tertiaire.

Les puissants refoulements latéraux exercés

du fond des abîmes de l'Océan Pacifique, après avoir fragmenté le bourrelet volcanique de l'ancien littoral de l'Asie en îles Aléoutes, Kouriles, Archipel Japonais et Formose, ont creusé, par compensation, les mers de Behring, d'Okhotsk, du Japon et de Chine. Rencontrant les faces est et sud du massif coréen, elles ont redressé les roches refroidies et les sédiments détritiques arrachés d'elles par les météores, et formé le mur à peu près accore, sauf quelques rares et courtes plages et deux notables enfoncements, les baies Unfotsy et Port Lazarev, qui monte d'un jet de la mer du Japon, et la falaise moins abrupte, fréquemment interrompue, qui court de Fousan à Mokpo, sur la côte opposée à l'île nipponne de Kiou Chiou.

L'éloignement et la résistance à vaincre pour creuser la mer Jaune ont amorti l'action de ce ridement sur la face occidentale du massif. Elle s'y décèle néanmoins par l'immense brise-lames d'îles et d'îlots étendu de Quelpaert à Port-Arthur, par les pentes, à brusques dénivellations, du fond de la mer Jaune, où le flux et le reflux courent comme le Rhône. Elle s'y affirme par la confusion des axes des lignes mamelonnées, étagées des falaises et plages riveraines de cette mer, aux escarpements de l'arête maîtresse, le long de la mer du Japon, à une distance moyenne de 250 kilomètres. La compensation des deux poussées est mise en évidence par les ploiements et les reploiements des épis montagneux autour de dépressions plus ou moins vastes, toujours ouvertes, mais également dans des directions très variables, et où des amas d'eau permanents attestent encore aujourd'hui l'existence, en des temps lointains, de bassins qui se déversaient l'un dans l'autre, un peu à la façon des chapelets de lacs où se clarifient les cours d'eau suédois.

La confusion est telle que, seule, l'arête orientale a reçu un nom d'ensemble : les monts de Diamant. Encore faut-il dire que les étrangers ont été ses parrains en étendant au tout le mot qui désignait sa partie la plus haute, la plus sauvagement disloquée, à la hauteur du parallèle 39, et du golfe dit Port Lazareff. Partout ailleurs, le soulèvement coréen n'a qu'une nomenclature interminable d'appellations particulières données à chacun des reliefs saillants par le village ou la ville la plus voisine, sans souci de se raccorder à une désignation commune. (On se heurte à chaque pas, en Extrême-Orient, à ce particularisme, né de l'indifférence du Jaune pour tout ce qui est d'usage et d'intérêt général.)

Il faut donc, pour avoir des points de repère, utiliser le quadrillage des longitudes et des latitudes et se borner à l'esquisse des grands traits qui constituent des régions physiques.

Quelques-unes se détachent en plein relief de la carte.

Au nord, le large domaine hydrographique du Yalou apparaît fermé par un gros contrefort détaché des monts de Diamant au Pak yeul choum, un peu au-dessus du parallèle 40, et prolongé avant dans la mer Jaune par le triangle trapu de la presqu'île de Hpyeng An do.

Entre celle-ci et l'âpre massif saillant du Houang Haï do, s'allonge, du nord-ouest au sud-est, un plissement puissant, dont les sillons les plus profonds contiennent les fleuves Pak Tchyen Kang et le Daï dong Kang.

Au centre de la presqu'île, entre cette formation et le bastion dentelé d'Ammin do, qui prolonge dans la mer un épi tortueux et épais soudé à la grande chaîne au Daï Koung Kang, sur le 37e parallèle, s'ouvre, sur un grand golfe couvert d'îles, une immense plaine très mamelonnée, où s'étale l'arbre hydrographique du cours d'eau le plus important, économiquement, de la Corée, le Han Kang, à quelque distance duquel est la capitale Séoul.

Enfin, au sud, la longue et large vallée du Nan Kang se creuse entre deux lignes de bifurcation des monts de Diamant, opérée au nœud de Syen In.

Sauf dans cette puissante arête, les sommets coréens n'offrent pas les silhouettes sauvages,

imprévues, des crêtes japonaises. Ils se rapprochent des contours arrondis du massif breton
français. Sur leurs flancs, la roche jaune ou
rouge finit dans des alluvions d'humus marron
ou noir qui ont colmaté les dernières cotes de
la pente et descendent en la suivant jusqu'au
fond, encore marécageux, où des flaques d'eau
alternent avec des plaques à l'éclat métallique
de granit désagrégé et déposé jadis au hasard
des courants ou des remous.

Rien ne rappelle donc là les grands plisse-
ments étagés parallèlement à l'arête centrale, en
gradins, du faîte de l'Apennin à la mer Thyr-
rhénienne. La seule analogie qu'on puisse relever entre les deux presqu'îles d'Italie et de Corée,
est le rapprochement extrême de leur arête faî-
tière de la mer qui les borne à l'orient. C'est peu.

Il a fallu les récents voyages d'un Japonais,
Ni Koto, en 1900-1901 et 1901-1902, analysés
par M. Laloy dans *la Géographie* du 15 décembre 1903, pour dégager une idée générale
précise et scientifiquement soutenable, de tout
ce fouillis.

Il a mis en lumière l'importance considérable
du gros massif qui ferme au sud le domaine
hydrographique du Yalou et l'a nommé Pla-
teau de Kaïma. Il a vu que ses arêtes et plis ont
la même orientation que ceux de la presqu'île
du Liao-Tong, prolongement du soulèvement

mandchourien des Shan yan aline, et appartiennent à un mouvement orogénique qui a servi d'axe directeur à celui de la Corée septentrionale.

Au point où la Kaïma s'amorce aux monts de Diamant, vient aboutir, en croisant son axe, le massif dont le Nam-Kang draine les pentes. Celui-là est orienté par l'axe des Ling Chinois et des King lands, et couvre toute la région sud coréenne.

Entre ces deux coins, rapprochés par leurs joints, s'ouvre la région la moins élevée de niveau qu'il y ait dans la Corée : la vallée du Han, sensiblement triangulaire elle-même.

Chacune de ces trois unités orographiques est, aujourd'hui encore, une zone climatérique et agricole distincte, et a été dans le passé, une des trois Corées dont la Corée a été faite. Kaïma était du royaume de Païk-tchaï; la région du Han était le Kou Kourien de la dynastie Korio, et est devenue, tout naturellement, le centre politique du pays, dont il reliait ensemble les régions naturelles. La zone méridionale seule a conservé encore aujourd'hui, dans la province de Tjyen-la Dô, le nom du puissant royaume de Tjyen-la, qui fut pendant plusieurs siècles, avant l'arrivée des Chinois et de leur chef Ki Tza, prépondérant dans la presqu'île du Matin-Calme.

Ce système de dislocation est arrêté brusque-

ment au nord par la courtine du massif mandchourien, qui s'allonge en travers de sa direction,
sous le nom de Chan yan aline, de Port-Arthur à
Khabarovka, au confluent de l'Oussouri et de
l'Amour, et auquel il est attaché, comme une de
nos côtes à l'épine dorsale. Les deux grandes
vallées opposées du Yalou (*Ap nok Kang*, coréen) et du Touman (*Mouy Kang)* forment le
fossé de cette fortification formidable. La frontière les suit l'un et l'autre de leurs embouchures
à leurs sources, distantes de vingt kilomètres
environ, sur les flancs est et ouest du même
massif et séparées par un col haut de 700 mètres.

Les frontières naturelles de la Corée coïnci-
dent donc avec ses frontières politiques et les
Chinois, qui ont fait cet abornement ont donné
le mauvais exemple diplomatique d'éviter une
chinoiserie.

Mais ils n'ont pas manqué à leurs habitudes
de poltronnerie en élevant à partir de Kiou lien
Tcheng, sur le cours inférieur du Yalou, un
immense talus palissadé qui contourne par le
nord Moukden, et se continue en un mur de
briques dont les dernières assises plongent dans
le golfe de Liao Tong, au sud de Chang haï
Kouan.

Pour ne pas être en reste, sans doute, avec
leurs suzerains, les Coréens ont placé là l'illus-
tration la plus choquante de ce particularisme

inintelligent qui a fait marquer leur pays du sobriquet de « Royaume Ermite » par les Américains et les Anglais. Ils ont systématiquement dévasté toute la rive droite du Yalou jusqu'à Kiou lien Tcheng, de façon à ajouter contre l'envahisseur mandchou, l'obstacle d'un désert à celui du massif sauvage et du large cours d'eau qui les protégeaient déjà …Ils ont, ces pauvres Coréens, prouvé eux-mêmes combien peu vaut même un désert, quand le débouché n'en est pas gardé par de braves soldats, en se soumettant, au milieu du XVIIe siècle, aux conquérants mandchous qui le traversèrent, avant de descendre en Chine, que la Grande Muraille ne sauva pas davantage de la conquête!

Le climat de la Corée est peint d'une seule touche par le nom officiel qu'elle tient des Chinois : « Pays du Matin Calme » ou de « la Sérénité du Matin ». La limpide fraîcheur de l'atmosphère, sa légèreté, sa transparence, la douceur de la lumière, très franche et très brillante, sans pourtant fatiguer les yeux, le bleu turquois uni d'un ciel plus souvent pur que nuageux, caractérisent en effet les matinées coréennes, en toute saison, et sont peut-être le seul trait dont un Européen sente le charme, dans ce pays où tout est plutôt fait pour l'étonner et l'indisposer que pour lui plaire. Et, si l'on peut dire que ce phénomène n'est pas spécial à la Corée, mais commun à tous les pays qui bordent la mer Jaune : le Tché-li, le Liao-Tong et le Chantong, où j'ai été à même de l'observer, il est juste d'ajouter que, dans aucune de ces contrées, le matin n'est aussi parfaitement délicieux et évocateur du vers de Victor Hugo :

Face rose, qui rit avec des dents de perle.

Les typhons, qui s'engouffrent, avec la violence d'une balle forcée, des mers de Formose et des Philippines dans le détroit entre Quelpaert et Kiou-Chiou, ne font sentir, et encore sur la région sud seulement, que le contre-coup de leur vol. L'air est libre de l'éternelle poussière que l'haleine du Gobi souffle sur le Tché-li. Les courants atmosphériques échangés entre deux mers situées, en ce qui concerne la Corée, à la même latitude, devraient faire d'elle un des pays les plus pluvieux de l'univers. Mais, grâce à la configuration décrite dans les pages précédentes, elle éprouve tous les excès des climats continentaux, et jouit de tous les avantages des quatre saisons auxquelles nous ne pouvons plus, nous, que croire, sur la foi des almanachs, de la fête du « point gamma » et des « faits divers » relatifs aux grandes marées des équinoxes.

Cependant, de l'universalité de ces caractères

généraux, il ne faut pas conclure que le climat de ce pays soit uniforme. L'éloignement du Kouro-Siwo, le Gulf's stream du Pacifique, dévié au loin, à l'est, par le mouvement de la terre et l'interposition de l'archipel japonais, l'orientation sud-nord de la masse allongée qui forme le « Pays du Matin-Calme », y déterminent des zones climatériques très différentes.

Au sud, dans le bassin du Nam-Kang, à l'abri du rempart fourchu décrit plus haut, malgré l'haleine de la mer, l'été, la tenue thermométrique pendant les mois de juillet et d'août est constamment supérieure à + 30° le jour et à + 25° la nuit, et l'hiver, se maintient, avec d'abondantes chutes de neige, entre 0° et + 8°. Février est la période des minima les plus rapprochés du point de congélation de l'eau. C'est l'Italie de la Corée.

Sur le versant oriental des monts de Diamant, le thermomètre descend régulièrement jusqu'à — 10° et parfois plus bas ; la neige couvre le pays pendant les trois mois de décembre, janvier et février, et fond lendement pendant le mois de mars.

A partir de Gensan, on constate chaque année des froids de — 20° et plus encore dans la vallée du Touman. La mer gèle à partir du milieu de janvier et ne redevient libre qu'en mars. Au mois de juillet et d'août, la chaleur est accablante parce que l'écart est très faible entre les maxima diurnes + 25° et au-dessus, et les minima nocturnes + 20°.

Sur le versant occidental, dans toute la région du Han, le régime continental est plus sensible encore. Pendant les mois chauds de l'été, la température se maintient au-dessus de 30° le jour et de 25° la nuit, rendue plus fatigante encore par la fréquence des coups de vent et les tourbillons de poussière qu'il soulève sur le terrain pulvérulent. Pendant l'hiver, les minima varient de — 12° à — 20° et la neige, qui fait son apparition vers Noël, ne fond qu'au milieu de mars. Ce mois des giboulées est, là, particulièrement désagréable.

Et à mesure qu'on s'élève, vers les bassins du Daï dong Kang et du Yalou, les excès de chaud et de froid élargissent l'écart entre les saisons extrêmes, et rendent le climat de plus en plus âpre. Les maxima de + 35° l'été et les minima de — 25° l'hiver reparaissent annuellement, avec la régularité du mouvement des corps célestes.

Invariablement, pendant les trois premières semaines de juillet, des pluies torrentielles s'abattent sur tout le pays; et au cours de la première quinzaine de décembre, le gel immobilise tous les cours d'eau au nord du 36ᵉ parallèle. Ponctuellement, avant le 15 mars, la débâcle les rend libres.

Les massifs montagneux du centre et de

l'ouest n'offrent pas d'altitudes supérieures à 1,000 mètres. Leur influence comme condensateurs et distributeurs de pluie ou de neige s'exerce donc surtout sur eux-mêmes et leur voisinage immédiat. Il n'y a ni neiges éternelles ni glaciers dans les monts de Diamant, qui d'ailleurs ne dépassent nulle part 2,000 mètres, même dans leur principal centre de dislocation, à la hauteur de Gensan.

L'absence totale d'observatoires météorologiques prive la géographie de données scientifiques certaines sur l'épaisseur de la couche d'eau précipitée tous les ans, sur le nombre exact des jours et des heures où se sont produites pluies et neiges, la direction des vents dominants et leur vitesse, les orages et leur mode de formation, les variations de la pression barométrique, etc., etc.

On ne peut pas y suppléer, et la raison en est évidente, à l'aide des journaux de bord que tiennent tous les capitaines des navires en circulation sur les mers autour de la Corée, bien qu'ils soient tous communiqués au grand observatoire des missionnaires jésuites à Zi-Ka-Weï, près de Changhaï, et résumés dans un recueil spécial par les Pères. On sait seulement que la période de sécheresse dure beaucoup plus que celle pendant laquelle prévaut l'humidité.

Néanmoins, les conséquences de cette inégalité ne sévissent pas en Corée aussi cruellement qu'en Chine. Il n'y a, au « Pays de la Sérénité du Matin », ni *Yang tze Kiang* ni *Hoang Ho* qui emportent, dans une seule crue, une surface équivalant à un ou deux de nos départements, et plusieurs centaines de milliers de sujets du Fils du Ciel. Il y a cependant des inondations quand les neiges fondent et quand survient la période pluvieuse. Mais tout le monde y est préparé et attend placidement que les eaux montent. Toutes les veines du réseau hydrographique charrient alors, pêle-mêle, limon fertilisant, sable stérile et détritus de toutes sortes, récolte des seuls balayages que connaisse le pays.

Faute d'endiguements, même aussi rudimentaires que ceux du Peï-Ho, par exemple, ces veines éclatent parfois. Alors un faux bras va augmenter la surface de l'étang, du petit lac ou du marais le plus proche, prend la place de quelques hectares de cultures et fait des mendiants de quelques douzaines de pauvres fermiers. Heureux si, quand le soleil a séché l'eau, la bonne terre noire qui donnait riz, haricots et légumes reparaît et n'est pas enterrée sous un épais matelas de sable et de cailloux !

Au cours des siècles, beaucoup de ces déplacements sont devenus définitifs et ont enclavé, au milieu des courants, des îles, des rochers, de vastes bancs sans cesse accrus. Chaque fleuve, ou

rivière importante, est ainsi bordé d'une bande
inondée et asséchée tour à tour, et, sauf quelques kilomètres de parcours, rendu impropre à
la navigation. Cela rend compte du fait que leur
chenal principal reste fixé; en outre, que la portée de chaque grosse artère soit considérable;
enfin, que presque universellement les villes et
places de commerce au lieu d'être, comme dans
d'autres régions du monde, à cheval sur les « chemins qui marchent », aient été soigneusement bâties un peu à l'écart.

* * *

Toutes les considérations qui viennent d'être
développées impliquent des résultats et nous dis-
penseront d'insister longuement sur le système
fluvial de la Corée. La maigreur des arbres hy-
drographiques y est frappante. Le Yalou, par
exemple, le plus gros de tous ces cours d'eau,
intermédiaire par sa longueur et la surface de
son petit bassin entre la Seine et la Loire, n'a
que 118 affluents grands et petits. Son cours
traverse une zone où les centres d'habitation
sont largement clairsemés. Vers son embouchure
seulement, villages et villes se multiplient et se
rapprochent sur un emplacement rendu favora-
ble à l'exploitation humaine par la jonction
d'une frontière politique et douanière avec un dé-

bouché, même précaire, sur l'océan. Mais tout le cours, embarrassé d'îles et de bancs, n'est navigable que pour les petites barques. Leur trafic aboutit aux ports d'Antong, sur la rive chinoise, Oui-djiou et Yongampho, sur la coréenne.

Du Pak tchyen Kang, il n'y a à signaler que l'estuaire rocheux sur lequel est le petit port de Kaï san.

Immédiatement au-dessous s'ouvre en bras de mer le Daï dong Kang (Daïdoko japonais), où les roches, les îles chevelées de petits bois, le cadre de montagnes où frissonne une fourrure d'épaisses forêts, dressent un paysage très semblable à celui qui fait la gloire du détroit du Chimonosaki. Le port de Tchinampo, récemment ouvert (1898), s'y abrite, au pied d'une falaise à pic, qui domine les deux mouillages de Sin Ko, où stationna en septembre 1894, sous l'escorte de l'escadre de l'amiral Ito, la flottille de transports portant l'armée qui remporta le 15 la grande victoire de Hpyeng yang, à la suite de laquelle les Chinois évacuèrent la Corée pour n'y plus revenir.

A une centaine de kilomètres, dans l'intérieur, se dresse, à distance respectueuse de la rive droite du fleuve, cette ville de Hpyeng Yang, fondée par le législateur « père de la patrie » Kitza, et la plus ancienne des villes de la Corée. Ce cours d'eau n'est malheureusement navigable

que pour des barques et je me souviens encore
des épreuves de toute sorte que j'ai entendu ra-
conter par des officiers japonais qui le remon-
tèrent après la bataille.

Le Han, lui, est navigable, pour les jonques et les petits vapeurs à faible tirant d'eau,
à partir du confluent du Syo-Kang, à 20 kilomètres en amont de Séoul, et à 80 de la mer. Ses
crues ont empêché que la capitale pût être bâ-
tie sur ses rives. Elle en est éloignée de 8 kilomètres et le trafic emprunte des intermédiaires
dans les deux petits ports de Ryong san et de
Mapou. Jusqu'à la hauteur de Séoul, le lit est
encombré de rochers et d'îles. A la hauteur de
Kympo, même, il est réduit par une île boisée à
une si faible largeur, qu'en 1866, un petit détachement français, envoyé pour punir le gouvernement coréen, fut arrêté là par la résistance des
soldats embusqués du Taïouen Koun, et dut re-
brousser chemin. Le fleuve se perd dans la mer,
divisé par de grandes îles en une douzaine de
canaux, dont un seul navigable, entre Kang-
Houa et la côte, permet de remonter de Tchemoulpo à Séoul. Les autres ne sont que des
passes, à chenal variable au gré des déplacements
de bancs provoqués par les courants de foudre
des marées.

Tchemoulpo, le grand emporium de la Corée
centrale et de la capitale, n'est pas même acces-

sible directement aux navires venant de la haute mer. Ils doivent mouiller à une lieue et demie au large, au delà de l'île de Yeng-Tyong, tant est vaseux et peu profond le bras du Han qui finit là. Ce fleuve n'est navigable que pour des vapeurs pourvus d'une puissante machine, à hélice encagée, et tirant au plus 60 centimètres d'eau.

Deux seulement des petits cours d'eau qui draînent la région Sud-Ouest valent d'être signalés. Le premier finit dans la large baie de Asan, où les Japonais battirent, pour la première fois, les Chinois le 29 juillet 1894, et se disperse entre les îles de l'archipel du Prince Jérôme. Le second finit en face du groupe Muray ou de l'Explorateur (Surveyor) par un long estuaire au débouché duquel est le port récemment ouvert (1898) de Mokpo.

Un service de bateaux à vapeur de rivière pourrait être établi de Mokpo à Na-tjou, distant de 40 kilomètres et demi dans l'intérieur. La région traversée est fertile et très peuplée. La population, attirée vers le nouveau débouché offert par l'ouverture de Mokpo, achalande largement des jonques et des sampans, sans cesse en mouvement d'aval en amont et vice-versa. Il y a là une fonction latente qui se développerait largement, et développerait du même mouvement un organe mieux approprié à ses besoins nouveaux. Là comme partout ailleurs en Corée, les indigènes adopteraient immédiatement le confort qui leur serait offert. Nous en verrons des preuves multiples dans les chapitres consacrés aux ports ouverts et aux chemins de fer.

Le bassin méridional a pour maîtresse gouttière le Nam-Kang, aussi difficilement utilisable que le Han, sauf son estuaire qui débouche à l'abri de la grande île Kotyeï (la *Koje* des Russes et *Cargo* des Anglais) dans la rade admirable de Masamhpo, qui n'a d'équivalent en Extrême-Orient que Hong-Kong et assurerait à un possesseur riche et intelligent la maîtrise économique et militaire incontestée du détroit coréen.

Il est tout à fait surprenant que les Japonais établis, en véritables colons, un peu à l'est, dans le port ouvert de Fousan, en avant de Tongnaï, avant et depuis l'expédition du général chrétien Konishi pour le shogoum Jedeyoski ou Taïcosama, de 1592 à 1598, n'aient reconnu que tout récemment l'importance de cette position et se soient tenacement cramponnés dans un port, profond, abrité, mais étroit, et dont l'entrée, gardée par l'île Vachon (*Deer-Island* des Anglais), est éternellement battue par le vent.

Sur la côte orientale, les cours d'eau ne sont que des torrents qui ensablent le littoral et le rendent de moins en moins abordable. Il faut cependant mentionner les quatre rivières qui tombent dans la large baie de Port Lazareff (pour les Anglais, *Broughton)* et où se trouve sur le rivage sud, le port ouvert de Gensan.

D'importantes positions commerciales et militaires se trouvent encore dans les îles, qui donnent aux côtes sud et ouest, un faux air de Norvège.

Dans le détroit de Corée, il faut écarter Quelpaert. Les écueils visibles ou cachés qui hérissent ses abords, l'étroitesse des plages, réduisent à bien peu de choses l'importance apparente que son site donne à cette île. Elle n'est habitée que sur son pourtour, où l'on trouve Outo, à la pointe nord-est; la mauvaise marine de la capitale, Tjyeï tjyou : Myeng ouel; Tjyen Heu. Hanhpo, sur la côte du sud, au pied de la ville de Taï-tjyeng, est le seul point accessible du pays. Toutes ces bourgades sont misérables, et bâties comme sur le rebord d'un chapeau à haute forme, d'où jaillit, immédiatement derrière elles, la pente de l'immense cône que l'île dresse, comme un « amer » géant sur la route de Changhaï au Japon et du Japon en Corée et en Chine.

Mais il est deux autres rades dont la valeur n'est inférieure qu'à celle de Masamhpo : Port Hamilton et Nautilus.

La première est un pan d'eau d'un diamètre

d'une demi-lieue, enclos par les îles Sodo, Sunodo et Observatoire, qui laissent entre elles des passes étroites, dont l'une, celle du Nord, a reçu le nom significatif de « gorge » ou « étranglement » : *Narrow*. Les Anglais l'avaient occupée en 1886, pendant un conflit diplomatique avec la Russie. Ils trouvèrent les·ressources locales par trop insuffisantes, surtout en eaux douces, et la rendirent à la Corée, avec une réflexion qui rappelle celle du renard au sujet de certains raisins, mais obtinrent des Russes la promesse formelle qu'ils n'occuperaient jamais aucun point de la Corée.

La seconde rade, Nautilus, du nom du bateau anglais qui la découvrit en 1888, est entourée par les îles Mandarin, Insult et Nautilus, mieux abritée, plus large et plus profonde que la précédente. L'épaisseur de la nappe d'eau, large de 4 kilomètres, dépasse partout dix mètres, il y a plusieurs maigres aiguades; mais le pays est désert et ne produisait pas de quoi nourrir ses occupants.

Masamhpo, lui, est si bien caché, qu'il faut savoir exactement où il est pour le trouver. On passe devant, en allant de Fousan à Mokpo, le long de la côte baignée par le détroit de Broughton ou de Corée, grande route des paquebots allant d'Europe et d'Amérique au Japon, et section du grand chemin de ronde autour de la terre. Mais on ne voit que des plans bleuâtres, tendus les uns derrière les autres, comme les « bandes » du ciel de nos théâtres. Il faut changer de route et gouverner droit au nord, à 30 kilomètres sud-ouest de Fousan. Peu à peu les contours grandissent; deux masses se séparent et des lignes brillantes de canaux apparaissent entre elles. A droite, s'élèvent les falaises de la grande île Kotyeï ou Koje, (la Cargo Do des cartes anglaises); en face se dessinent les croupes déchirées de l'île Katek, et à gauche, au delà d'un canal en entonnoir, les murs rocheux du littoral coréen. On les range de plus près, et on entre en les longeant, dans un chenal long de 25 kilomètres, dit Douglas Tunlett. La nappe d'eau, épaisse partout d'au moins dix mètres, n'a pas plus de 5 kilomètres de largeur.

Un rétrécissement nommé Gate (la porte) donne accès à un long bassin, aussi profond que le couloir d'accès, au milieu duquel s'élève l'île Satao.

Masamhpo est sur la rive occidentale, petite bourgade de pêcheurs, au pied du cap Getsou Yeï Daï (la base de l'ombre de la lune), entre les agglomérations agricoles et marchandes de Kim-haï et de Oueng-tchyen.

En remontant au nord, on embouque l'estuaire du Nam, où les ramonages quotidiens de la marée ne laissent pas s'accumuler les bancs de la salle.

On verra plus loin que Masamhpo a été déclaré port ouvert en 1899. Les Russes et les Japonais sont venus s'y disputer, à coups d'enchères, 40,000 mètres carrés de terrain mis en vente, sur le cap Getsou Yeï Daï. Les premiers, dirigés par le commandant du croiseur *Wladimir Monomach*, ont acheté un peu plus de 16,000 mètres. Les seconds, conduits par leur consul à Fousan, en ont acquis un peu plus de 13,000. Le reste a été réservé pour les autres nations. Les enchères ont été si âprement disputées, que le prix du mètre carré n'a pas descendu au-dessous de 300 francs !

Cette magnifique position pourrait donc abriter à la fois, et sans qu'ils se gênent mutuellement derrière des fortifications aussi imprenables que des forts défendus sérieusement peuvent l'être, un arsenal, base navale, de la valeur de Toulon et de Brest et une place de commerce analogue à Marseille.

Les côtes de Kiou-Chiou, l'arsenal nippon de Saseho, le port de Nagasaki, sont éloignés de 200 kilomètres seulement, et Tsou-Chima, le Malte japonais du détroit de Corée, est visible des hauteurs de Kotyeï, à 100 kilomètres.

Masamhpo, japonais, fortifié et occupé par une flotte et une garnison nippones, assurerait au Mikado, non seulement la clef des communications entre Vladivostok et Port-Arthur par mer, mais l'hégémonie commerciale de la Corée sud, et de toute la région du Pacifique occidental jusqu'à Changhaï.

Dans la mer Jaune, des îles du chapelet égrené de Quelpaert à Houang-Haï-do, les plus rapprochées de la côte sont en général petites, mais gazonnées ou boisées, utilisées pour l'élevage du bétail quoique non habitées. La plus importante est Deserted island, verte et charmante, comme tel coin de la mer Intérieure du Japon, malgré son nom fâcheux.

Les navires peuvent suivre, selon l'état du ciel et de la mer, soit une route tracée à l'intérieur de cet archipel, employé comme brise-lames et brise-rage des typhons, soit une route, moins dangereuse, tracée à l'extérieur, le long de la face connexe de ce même semis d'écueils.

La route de Nagasaki, Kobé, Fousan, etc., à Tchemoulpo, suit, a travers l'archipel, le canal intérieur dit Canon (Gun channel). Sur ce parcours, on voit successivement les masses rondes, gazonnées et broussailleuses de Montressor, de Montravel, de Modest, où quelques villages de pêcheurs sont blottis dans des rentrants de falaises. On passe au large dans la rade fermée sur le groupe Creigton, convoité momentanément par les Anglais, cultivé et habité par une population agricole et pêcheuse assez dense. On voit de près les rocs déchiquetés, éparpillés en « cromlech » du groupe Bate; l'archipel habité, boisé, cultivé, dit groupe Murray ou de l'Explorateur, qui contient un bon mouillage; des rocs isolés, surprenants, comme le roc Bouteille, très bien nommé; le roc Pinnacle; les îles Laguerre et Humann. Enfin laissant à l'Est les archipels du Prince Jérôme et du Prince Impérial qui rappellent le souvenir de la belle campagne hydrographique de l'amiral Guérin et de l'*Eugénie* en 1856, on entre dans l'embouchure du Han, jalonnée par les îles Yodolmi, Yeng Tijyong, Ryong maï, Kyotong et Kang oua, dont les deux dernières seules ont été utilisées. Sur l'avant-dernière, les Russes ont construit récemment, et sans tambour ni trompette, un dépôt de charbon. Sur la dernière, les Coréens ont un fort qui a la prétention de défendre l'entrée du Han

Les dernières ruines de cet affaissement continental jalonnent l'extrémité ouest de Houang-Haï-do des gros rochers nus et déserts de Saï-tchyeng et de Taï-tchyeng, nommés par les Anglais : groupe de sir James Wall, embuscade possible sur la route de Tchemoulpo à Port-Arthur et à Takou par Weï-Haï-Weï. Celle-ci suit le canal du Poisson volant *(Flyng Fish)*, le long du dangereux banc Chasseriau, heureusement toujours couvert de brisants, et de l'île Chopaïoul, où le 29 juillet 1894 le croiseur japonais *Naniwa* coula, avant toute déclaration de guerre, et au mépris du droit des gens, le transport chinois *Kowshing*.

* * *

La flore et la faune de la Corée ne sont pas des plus riches. Dans la zone du Nam-Kang, les montagnes renferment de belles forêts de camphriers. Dans les parties basses, les conifères japonais et les bambous prospèrent. Les rizières, les champs de haricots jaunes et noirs abondent. La terre donne régulièrement deux récoltes par an : l'orge, semé à l'automne, mûrit et est moissonné en mai; le riz est alors dépiqué des pépinières et repiqué dans les champs, ameublis et irrigués. On le coupe au mois d'octobre. Dans quelques coins bien abrités, on récolte des patates, du coton et du tabac. Mais nulle part il n'y a de prairies : les pelouses à flanc de coteau en tiennent lieu. Ce trait est commun à toute la Corée.

Sauf les patates, les bambous, les camphriers, et les forêts ou fourrés de cryptomérias et de pins, le domaine hydrographique du Han offre le même aspect. Malheureusement, il a été déboisé depuis des âges, et ne produit plus que des broussailles sur les hauteurs.

Comme culture, le riz est absolument prédo-
minant. Mais que d'espaces laissés incultes et de
terrain perdu! Dans tous les fonds de cuve où
s'est amassée la terre noire, le paysan aménage
des rizières, et sans avoir fait d'études géomé-
trales, tire très adroitement parti, pour leur irri-
gation, des eaux qui sourdent çà et là des parois
montagneuses, et enroule, au mieux, le circuit de
ses petits canaux autour de la ligne de plus
grande pente du plan. L'aptitude spécifique de
ce peuple à l'association et la peur, très justi-
fiée, des contestations judiciaires nécessitant recours aux mandarins, met d'accord tous les voisins de l'urne exiguë de ces naïades, pour se
contenter chacun de sa part et ne pas usurper
celle d'autrui.

A mesure qu'on avance vers le nord, les rizières
deviennent plus rares et disparaissent après le
Daïdong. Les champs de haricots alternent alors
avec le blé, le petit et le gros mil; le maïs double la récolte annuelle en succédant à l'orge.
Puis les haricots, le blé, le seigle et l'orge règnent
seuls dans la région du Yalou, comme en Mandchourie, le long du Sira Mouren (Liao Yang).

Des légumes dont nous avons l'habitude, seul,
le chou est cultivé partout; mais c'est le chou
chinois, qui ne pomme pas, mangeable cru en
salade, aussi bien que cuit, et très analogue,
comme taille et forme, au céleri.

Dans les massifs de Hpyeng An do, de Houang Haï do et surtout dans les monts de Diamant, d'immenses forêts de conifères, dont jusqu'ici le manque de routes a empêché l'exploitation, constituent une importante réserve de richesses. La population préfère au dur travail du bûcheron et du scieur de long la recherche d'une racine qui abonde dans les régions forestières : le *ginseng*, en botanique *panax quinquefolium*, de la famille des Araliacées.

Le ginseng est, de tous les produits de son sol que la Corée exporte, le plus cher après l'or. Son importance nécessite donc une courte monographie.

Les Coréens ne se contentent pas de celui qu'ils récoltent à l'état sauvage. Ils l'ont domestiqué et le cultivent dans des parcs, gardés jour et nuit, et surveillés plus étroitement que les champs de tabac dans ceux de nos départements où cette culture est libre.

Les Coréens recueillent après l'été les semences de plants robustes choisis pour porte-graines et les déposent dans des couches de sable où elles germent. Avant les gelées d'automne, on déplante ces racines, et on les enferme dans de grandes jarres de terre que l'on ensile profondément jusqu'au printemps.

Le printemps commencé, on plante les griffes sur couche; à l'automne on les arrache, on les ensile de nouveau, et ainsi pendant trois ans consécutifs. Au troisième repiquage printanier, le végétal est assez fort pour ne plus redouter la gelée, et on le laisse en place pendant trois nouvelles années, nécessaires à son complet développement. Plus exigeant que l'asperge, avec laquelle, on le voit, il offre quelque analogie superficielle, le ginseng ne se nourrit convenablement que si on lui mesure exactement l'ombre, le soleil et l'humidité. Aussi on le cultive sous des faisceaux recouverts de nattes, et le secret de son arrosage est un de ceux que les experts gardent le plus jalousement.

Il en existe deux espèces : la rouge et la blanche. La rouge est deux fois plus chère que la blanche.

Le cultivateur est responsable de ses plants, comptés et recomptés souvent, et à l'improviste, par les agents fiscaux, jusqu'au jour où il a livré les racines arrivées à leur grosseur définitive, au dépôt de l'Etat, seul marchand auquel il puisse les vendre. On lui donne un reçu et on lui ouvre un crédit. On pèse avec soin, on compte les racines, on les nettoie, on les fait sécher au soleil, ou sur un feu de charbon de bois, puis on les met en bottes et on les vend. La livre de belles pièces vaut une douzaine de francs, en moyenne.

Les Chinois les achètent presque en totalité pour les drogues pharmaceutiques et les exci-

tants, dont ils font grand usage. Ils le préfè-
rent de beaucoup aux produits similaires de
leur pays et de l'Amérique. Autrefois, une part
très importante du tribut payé au Fils du Ciel
par le roi de Corée consistait en racines, aussi
grosses que possible, de ginseng, et le Fils du
Ciel en faisait présent aux mandarins vieillis à
son service, auxquels il désirait témoigner sa satisfaction et son désir de les conserver longtemps
actifs et vigoureux.

Les boutiques des marchands de ginseng exis-
taient encore en 1900, dans le quartier de la ville
tartare affecté aux ambassadeurs porteurs du
tribut coréen, au nord du palais impérial. Il a
été·détruit par les Boxers et par les Japonais,
quand ils sont entrés, le 14 août, au soir, par la
porte Tong-tché, dans Pékin.

*
* *

Une variété, obtenue par une préparation en
vase clos, à l'étouffée, est vendue en Chine au
poids de l'or littéralement, quand elle est offerte
en racines volumineuses représentant une certaine
forme. Le roi de Corée s'est réservé le monopole
de cette vente et l'a cédé à la ghil de Choung In,
moyennant une redevance annuelle de 375,000 fr.
Celle-ci achète tout ce qu'on lui apporte; mais
le haut prix de la denrée fait qu'une grande

quantité est vendue en contrebande, malgré la menace de sévères pénalités.

D'importants gisements d'or existent dans les montagnes, et dans les sables accumulés par le Yalou.

L'extraction de ce métal a été puissamment développée par l'adoption du monométallisme au Japon et la démonétisation officielle de l'argent dans ce pays.

Néanmoins, on n'a pas négligé pour cela les autres minerais moins précieux, en apparence.

Un très riche gisement de fer a été découvert dans la province de Hoang Haï to, aux environs de Tchang yen, dans la contrée en arrière du port ouvert de Tchinampo, à l'embouchure du Daï dong Kang. D'autres gîtes métallifères de zinc et de cuivre ont été prospectés dans cette même province et dans Hpyeng An do, qui lui est contiguë.

Dans les montagnes entre Séoul et Gensan, on a trouvé une mine riche à Tun san, au nord-est de Séoul; à Kyen Syeng, dans les montagnes de Diamant.

Un important gisement de zinc, plomb et galène argentifère a été également découvert à Tjik San, au sud-ouest de Séoul. Il y a aussi une mine d'or.

Les prospecteurs sont partout en campagne, surtout dans le massif de Kaïma et dans le puissant plissement qui couvre la province de Hpyeng An do, des indices non trompeurs suggèrent que le sous-sol sera aussi fertile que le sol superficiel, le jour où on voudra bien l'exploiter.

Un chapitre spécial sera consacré plus loin à ces mines.

* * *

La faune coréenne offre des lynx, des tigres énormes caractérisés par une fourrure à longs poils et une rayure plus pâle que celle de leurs congénères tonkinois ou bengalais; des ours, des chats sauvages; peu de serpents venimeux, mais quantité de grosses et longues couleuvres, superstitieusement respectées, au point que l'indigène tue le chat parce qu'il est l'ennemi du serpent; des cerfs et des daims et toute la gamme des lézards et des cochons sauvages et domestiques.

Les oiseaux abondent également : tous ceux de notre pays, surtout les pies, les corbeaux, les moineaux et les alouettes, outre les poules, canards, oies, dindons et pintades, et les hôtes charmants des rizières japonaises, pareils à des gemmes ailées. Les vautours barbus, les aigles, les buzards, les pyrargues et le grand faucon, oiseau fort rare ailleurs, leur font une chasse acharnée. Lièvres, lapins, faisans pullulent, et sont fort aisément trappés, car le Coréen n'aime pas plus que le Chinois jouer avec une arme à feu.

Les animaux domestiques typiques du pays sont de grands bœufs roux employés comme bêtes de bât, forts comme des piles de pont et doux comme des agneaux, les cochons noirs et les poneys. Ces petits chevaux, hauts de $1^m,30$ au plus, velus comme des angoras, mais bien autrement résistants et forts que les grandes carcasses d'Australie et de Kagochima, sont capables de fournir pendant des mois une traite quotidienne de 50 kilomètres avec une charge de 200 livres, pourvu que le *ma pou* (palefrenier), auquel ils sont accoutumés, les conduise en faisant siffler une petite baguette et leur donne, le matin, à midi et le soir, une émulsion de légumes secs coupés d'eau et d'orge.

La faune marine est une des richesses dormantes de la Corée. Le poisson affectionne les fonds rocheux au pied des falaises et des innombrables écueils semés sur la mer de Fousan à Houang-Haï-do, et la fraîcheur des eaux quotidiennement renouvelées par le va-et-vient ramonant des marées. Les principales espèces sont le trépang (holoturie ou bèhe de mer) dont on capture d'immenses quantités et un hareng nommé *mauw*, des œufs duquel les pêcheurs coréens font un caviar rouge très recherché et vendu fort cher en Chine.

CHAPITRE II

**Les Hommes. — Population coréenne.
Mœurs. — Législation. — Gouvernement.**

Le délabrement universel de la terre coréenne,
la liberté avec laquelle les forces cosmiques y
font prévaloir leur action fatale, donnent aux
paysages du « Pays du Matin Calme » un caractère de morne tristesse que n'ont pas d'ordi-
naire les choses sans âge, à force d'avoir dépassé
la limite normale des durées. Nous assimilons, en
effet, volontiers, leur antiquité incertaine à la
vieillesse exempte d'infirmités, où la vie dé-
cline lentement, avec la sérénité d'un coucher de
soleil en automne. C'est cette beauté que nous
vénérons sur la face grise des granits de la Bre-
tagne ou de la Normandie, malgré leur ciel
moiré de brumes...

Le soleil ne fait pas faute à la Corée. Il y
joue des féeries de lumière dans un ciel doux

comme une belle soie, mais les flancs déboisés, ravinés, éboulés des montagnes et des collines, les longues et larges coulées de sable éparses dans les plaines cultivées, la faible proportion du domaine des sillons à côté de celui des broussailles et des pelouses, rappellent impérieusement, non pas le travail acharné d'une longue existence dont il a finalement épuisé la vitalité, mais la paresse humaine, qui n'a rien de majestueux ni de vénérable.

Et alors l'esprit évoque, sans l'impression respectueuse des lointains historiques, le défilé des générations innombrables qui ont passé, pareilles à des ombres, sur cette terre, sans y marquer leur empreinte par ces travaux d'appropriation qui contraignent la nature à se plier aux besoins des hommes et établissent la légitimité de leur suprématie sur elle.

Au moins les Chinois ont eu ce mérite que leur apogée a légué à leur décadence actuelle d'innombrables monuments, entre autres : le Canal impérial, les murs de Pékin et les trois Grandes Murailles, dignes d'être cités après les travaux colossaux des Chaldéens, des Egyptiens et des Romains.

Mais les Coréens sont le peuple élu de la paresse et de la routine, qui en est la fille légitime. On pourrait être tenté d'incriminer les institutions directrices de leurs mœurs particulières et publiques, si mille faits faciles à relever ne prouvaient qu'ils n'en ont accepté le joug que parce qu'elles correspondaient exactement aux qualités et aux défauts de leur caractère national.

Pour analyser ce caractère sans parti pris de dénigrement ni de recherche d'un facile succès de ridicule, il faut se proposer de le comprendre, en faisant ce qu'un cerveau blanc seul peut faire : se déplacer de son plan habituel, se transporter dans celui de l'objet étudié, et admettre, d'avance, que le seul fait de différer profondément des conditions que nous considérons comme essentielles et fondamentalement nécessaires à une Société, ne constitue ni un état grotesque ni l'absence de civilisation.

Tout le monde n'a pas le nez fait comme nous et notre famille. Les nez aquilins ou camards sont tout de même des nez, et les visages qu'ils ornent (?) des faces d'êtres à station droite, ayant des mains, des pieds non prenants et l'échine dépourvue d'appendice caudal.

L'homme, d'ailleurs, et c'est un truisme dont le lecteur voudra bien, sans doute, excuser le rappel, est une valeur à peu près constante sous tous les méridiens et tous les parallèles, parce que sa nature physique et les besoins qui en dérivent sont des quantités fixes et que leur influence est prédominante. Mais, sous l'action de milieux différents, elles donnent des réactions différentes, dont l'exposant sert à établir des distinctions de supériorité et d'infériorité. Et elles sont plus légitimes que celles que nous suggère parfois notre manie de décerner des prix d'excellence, car on peut les mesurer à l'échelle établie par la lutte pour la vie.

Elles arment bien les uns, mal les autres; rendent les uns aptes à maîtriser les forces naturelles, les autres dépendant de celles-ci; ouvrent aux uns une route ascendante, à perspective indéfinie, vers le bien-être et le plus grand bonheur avec le moindre effort, et enferment les autres dans le cercle infranchissable d'une vie réduite et mesquine aux gestes invariables.

Le Coréen, donc, est essentiellement paresseux. Il est également jouisseur. Mais son appétit de plaisirs est tenu en échec par la répugnance à l'effort. Comme le chat, pour lequel il marque une prédilection significative, il limite la peine qu'il prend au besoin qui le presse, quitte à compenser la gêne d'une longue attente en profitant immodérément de toute franche lippée qu'une bonne fortune met à sa portée.

Grands, très fortement charpentés et d'une grande vigueur physique, peut-être les Coréens sont-ils desservis par leur structure elle-même, dont la masse est visiblement difficile à mouvoir? Les grands corps répugnent, en effet, généralement, à toutes les accélérations; mais pas aussi absolument que les Coréens. Ils marchent lentement, lourdement, qu'ils soient chaussés de leurs sabots pesants ou de leurs socques de paille et de chiffons. Je n'ai pas vu en Corée un seul homme cheminer au pas accéléré, et encore moins courir. Les femmes courent, celles du moins qu'on laisse sortir. Mais ce trait n'est pas spécial à la Corée. Les enfants eux-mêmes jouent placidement à des jeux qui n'exigent ni grande dépense d'activité musculaire ni des déplacements rapides : la bloquette, les osselets; jamais à cache-cache, au chat perché, au saut-de-mouton, à l' « ours » ou à un des nombreux jeux de balle.

Quelle différence entre eux et les bandes de polissons qui font expier leurs péchés aux flaneurs européens dans les rues des villes chinoises ou japonaises. A chaque instant quelqu'un vous roule dans le dos ou dans les jambes, et il faut se garer d'une pierre ou d'un de ces petits totons pointus, de bois dur, lancés par des raquettes de bois plein, dont les *mouskos*, plus ou moins mouchés, de Tokyo et autres lieux, se servent pour jouer au volant, au beau milieu des passants qui se coudoient sur des bas-côtés aussi fréquentés que les trottoirs des boulevards ou la rue Montmartre.

Des yeux presque aussi horizontaux que les

nôtres distinguent les Coréens des Chinois et surtout des Japonais, dont les paupières dessinent nettement sur la figure un accent aigu et un accent grave. Mais à côté de ce trait qui rapproche beaucoup les Coréens de nous, l'asiatisme reparaît chez eux dans la pauvreté du système pileux facial : moustaches et barbes, au « Pays du Matin Calme », font penser aux dents d'un peigne resté planté dans la peau.

Les Coréens sont très doux en général, mais des foucades de violence donnent à supposer que c'est peut-être parce qu'ils sont trop paresseux pour faire l'effort de combativité nécessaire à l'exercice de la malfaisance.

Ils sont hospitaliers, mais ils n'aiment pas plus l'étranger que ne l'aiment leurs congénères jaunes. Et celui de tous qui leur inspire la plus vive aversion n'est peut-être pas le blanc, mais le Japonais, qui leur a donné, d'ailleurs, nous le verrons, les meilleures raisons pour fonder une permanente antipathie.

Ils ne sont pas naturellement sanguinaires. Ils tuent les animaux employés à leur alimentation plus humainement que ne font les Japonais, et ne mangent pas, comme ceux-ci, des poissons crus, encore vivants, et qui ne sont pas des holoturies ni des huîtres. Les atrocités des guerres civiles coréennes (massacres en masse, mutilations) et du code pénal coréen (tortures,

mise en crapaudine, section en quartier des sup-
pliciés et exposition desdits quartiers et des
têtes), sont imputables à l'insensibilité nerveuse
spéciale à la race jaune et à sa conception par-
ticulière du prix de la vie, plutôt qu'un vice
particulier de conformation morale.

Pas plus que le Chinois, le Coréen n'a de
besoins de croyances métaphysiques et de spécu-
lations transcendantes. L'ordre naturel a-t-il
une cause extérieure et supérieure à lui, efficiente,
intelligente, consciente, toujours active, le Coréen ne le sait pas précisément et ne paraît pas
souffrir de cette incertitude. Il désigne par des
termes vagues : « le Ciel », la « force du Ciel »
ce que nous appelons des noms précis de
« Dieu », « premier principe », ou « Etre
suprême ». Il évite d'y faire allusion avec le
même soin que d'attirer sur soi l'attention des
fonctionnaires ou des voisins plus riches que
lui, comme s'il appréhendait n'avoir aucun bien
à attendre d'une si haute intervention.

Le dualisme de la nature humaine, l'immor-
talité de la force qui la distingue des autres
formes de la vie, le problème de l'au-delà de
la mort, n'excitent en lui ni curiosité ni an-
goisse, et il pourrait être cité comme le plus
terre-à-terre des hommes si le Chinois n'existait
pas.

La peur des coups leur est commune, ainsi

que la patience. Mais chez le Coréen elle est atone, passive, on dirait presque empreinte de fatalisme, et n'est pas rendue touchante par la bonne humeur inaltérable du Chinois. Le premier témoigne de son accoutumance à la misère, aux privations, à la douleur, à la vie sans horizon large et distant, un peu comme les baudets pelés qui halent les bateaux sur certains canaux ou comme les chevaux de fiacre.

* * *

Après ce rapide croquis, on ne s'étonnera pas que les institutions que ce peuple s'est données, ou a accepté qu'on lui donnât, durent depuis des siècles, sans autre changement qu'une usure ou une fatigue analogues à celles d'un vêtement porté tous les jours. Elles s'adaptaient à ses aspirations sans aucune gêne, à l'origine. Depuis, peu à peu, elles se sont cristallisées sur lui en un moule rigide, et il serait bien difficile maintenant, même impossible, de les briser, sans détruire du même coup l'organisme dont il épouse tous les contours.

La civilisation coréenne procède de deux sources : la législation de Ki Tza et les Classiques chinois, car bien que Ki Tza soit lui-même venu de Chine, sa législation est foncièrement originale.

Né en Chine, sous le gouvernement de la

dynastie Chou, quelque 200 ans avant Jésus-Christ, il dut s'expatrier pour se soustraire à la vengeance d'un tyran. Il reçut de lui le titre féodal de *Ki* (vicomte, comte ou duc, on ne sait pas bien exactement, mésaventure assez fréquemment infligée par les idéogrammes chinois, même aux Célestes). Il échangea son nom de Cha so yo pour celui de Ki Tza qui réunit son titre à son nom prononcé à la coréenne, et fit voile pour la contrée où le soleil se lève.

Il aborda en Corée, dans l'estuaire du Daï dong Kang, amenant avec lui 55,000 compagnons, maîtres de tous les arts et toutes les sciences connus alors en Chine, et apportant les livres classiques des Odes, de l'Histoire, des Rites et de la Musique. Il remonta le fleuve et fonda la ville de Hpyeng Yang, celle de toutes les villes coréennes où subsiste le plus complètement le tracé géomancien nord-sud, est-ouest, qui sert de trame à toutes les cités chinoises.

Autour de lui, les indigènes encore troglodytes, menaient l'existence quasi animale des âges de la pierre éclatée ou polie. Il donna là un pendant jaune à un épisode historique fréquent dans les traditions poétiques de l'antiquité gréco-latine, et dont le plus célèbre a été décrit par Horace :

Silvestres homines, sacer interpres deorum,
A cultu victuque feró deterruit Orpheus.

*(Le saint Orphée, interprète des Dieux, dé-
tourna de leurs mœurs et de leur vie sauvages,
les hommes qui vivaient dans les forêts).*

Ki Tza « habilla en hommes ce troupeau de
bêtes ».

Il lui légua huit lois, dites fondamentales :

« *Les hommes doivent se livrer à l'agriculture; — les femmes doivent tisser; — le vol
entraîne la confiscation des biens du voleur; —
le meurtre est expié par le supplice du meur-
trier; — les terres doivent être partagées en
trois parties : une cultivée en commun pour le
profit de l'Etat, les deux autres pour les particuliers et pour leur usage. Le lotissement doit
être refait périodiquement; — les femmes doivent observer la modestie; — le mariage est
obligatoire; — les voleurs seront réduits en
esclavage* ».

Cette précision, ce caractère pratique d'utilité
immédiate, sont inconnus en Chine, de même que
le partage des terres (*Choung Choung Pop*, du
nom du caractère qui servait à figurer l'opéra-
tion géométrale).

Mais ces lois ne pouvaient suffire à l'ossature
d'une société. Elles furent complétées par des
emprunts. Pendant les neuf cent vingt-neuf ans
que les traditions locales attribuent au gouver-

nement de la dynastie issue de Ki Tza, l'endosmose chinŏise fonctionna abondamment et pénétra à fond le peuple devenu vassal de la « Fleur du Milieu » d'éléments empruntés à « la Civilisation illuminée », et entre autres, du confucianisme.

Aujourd'hui encore la population coréenne tire toute sa culture du « Premier Livre de l'Enfant », *Tong Mong Séoup*, dont la partie principale est la doctrine des Cinq Préceptes, de Meng tzeu, continuateur de Confucius :

« *Le fils doit être entièrement soumis à son père; — les rapports entre le roi et les nobles sont régis par l'étiquette; — le mari et la femme ont des rôles entièrement différents; — le cadet doit rester subordonné à l'aîné; — la loyauté est la règle de l'amitié.* »

Etendue des rapports particuliers au gouvernement de l'Etat, cette doctrine a produit une société fondée solidement sur la pierre du foyer, dans laquelle la hiérarchie et la distinction des rôles sont déduits rigoureusement des obligations primordiales qui lient les enfants à leurs pères et les lient, en outre, entre eux. Mais, en même temps, elle satisfaisait à la paresse physique et intellectuelle du peuple coréen, qu'elle a convertie en ankylose, pour ne pas dire en paralysie.

Et le mal a été bien plus profond qu'en Chine, car la Corée offre mille dissemblances avec la Chine, parce que le caractère de la population a spontanément réagi pour faire produire à des graines chinoises, semées au « Pays du Matin calme », d'autres épis que ceux qu'elles engendraient dans l'Empire du Milieu.

Entre autres, la pratique universelle, non des sociétés secrètes, mais de l'association avouée et bienfaisante, et la manie du fonctionnarisme.

Les Coréens s'associent, on peut dire pour tout : pour aller faire des pique-niques au printemps, dans les vallons fleuris d'azalées; pour acheter à l'automne les légumes dont les ménagères font des conserves; pour subvenir aux frais de voyage et de séjour à la capitale des candidats pauvres aux examens de lettrés; pour payer des funérailles décentes à qui n'en a pas les moyens; pour s'enrichir mutuellement par des loteries, etc. Chaque corps de métier, chaque groupe pratiquant le trafic d'une marchandise quelconque, est constitué en une « ghilde » comprenant tous ceux qui fabriquent ou tous ceux qui vendent l'article déterminé. Le travail ou le commerce sont, par suite, interdits à qui ne fait pas partie de ces « ghildes », rendues, par le fait, obligatoires.

Chaque membre paie une entrée de 20 piastres, et une petite cotisation annuelle. L'association est gouvernée par un « mayeur » élu, qui paie sur le fonds social, les redevances à la couronne et est surveillé par un fonctionnaire que nomme le roi.

Une de ces « ghildes », celle des colporteurs (*pou syang hoï*), rayonne sur tout le pays qu'elle a partagé, pour son usage, en circonscriptions contenant chacune cinq villes ou centres importants, et peut, de ce chef, rendre de grands services de police au gouvernement, qui les utilise.

L'ensemble de ces véritables « corporations » est gouverné par un ministre, qui, à son tour, délègue des « provinciaux », au moyen desquels l'action publique se fait sentir dans tout le royaume, à tous les artisans ou marchands, sédentaires ou ambulants.

Mais, en Corée, la stagnation et la routine, maladies spécifiques bien connues de cet organisme, que l'Europe a connues, et s'est vue obligée de détruire il y a cent dix ans, sont exaspérées encore, par la nécessité de se défendre contre l'ingérence pillarde des fonctionnaires publics.

Aucune nation du monde n'est aussi complètement leur proie. En théorie, mais en théorie seulement, leurs rangs sont ouverts, sans coefficient de naissance, au mérite prouvé par le succès aux examens des lettrés. Ceux-ci ne sont pas moins solennels et courus qu'en Annam ou en Chine. Le roi les préside en personne et couronne lui-même les heureux voltigeurs qui ont le plus habilement dansé sur la 'corde raide en commentant quelques lignes de Confucius.

Après quoi, ces lauréats peuvent aspirer à devenir membres du *nyang pan* ou *yang ban* (les deux ordres, le civil et le militaire).

Ce dernier est moins recherché que l'autre, car, sauf au Japon, dans tous les pays jaunes le noble métier des armes est considéré comme le refuge des déclassés et de la lie de la population. « On ne fait pas plus un clou d'un morceau de bon fer, qu'un soldat d'un honnête homme », est une maxime gnomique aussi connue et répétée en Corée qu'en Chine.

Mais les mandarins civils pullulent. Dans une seule province, on en rencontre 44 dirigeant de grands services et commandant chacun à 400 subordonnés divers. En ajoutant au total que ce foisonnement donne dans les provinces, 10,000 attachés, dans la capitale, aux ministères et au palais du roi, nous arrivons à un chiffre de 146,000 fonctionnaires vivant sur une population que les calculs les plus récents du Dr A. Supan (*Mittheilungen Peterman*, n° 135, de 1901), évaluent à 9,670,000 habitants et une proportion d'un employé par 65 âmes.

Le qualificatif « budgétivores » conviendrait, certes, mieux à ces voraces sauterelles qu'aux serviteurs chichement appointés de l'Etat auxquels on le décerne en France.

Ces *nyang pan* dévorent, en effet, littéralement le pays, par le droit de réquisition qui leur permet de se défrayer de tout en voyage en pillant l'habitant, par les prélèvements effrontés qu'ils font sur les deniers publics dont ils ont la perception ou le maniement, et par les exactions qu'ils commettent pendant les trois années que durent leurs fonctions. L'excuse qu'ils invoquent est la modicité de leur traitement, la courte durée de leurs trois ans de charges, la mise de fonds nécessitée par leur éducation au sortir de l'école primaire, et les frais divers des concours subis. La meilleure serait que ces abus ont force de loi en Extrême Orient, où « les pères des peuples » consacrent à leurs besoins particuliers les sommes qu'ils extorquent à la misère de leurs sujets.

Ils donnent ainsi un exemple d'indifférence au bien général, fatal aux peuples jaunes restés attachés à leur civilisation originelle, et à leur caractère, dont le fond d'insensibilité, d'égoïsme et de paresse, est un milieu d'élection pour la pratique du : « Chacun pour soi. »

Les grands ne pensent qu'à pressurer les petits, et ceux-ci qu'à sauver le plus possible de leur substance? A quoi bon travailler et perfectionner? Plus ils auront, plus on leur prendra!

Aussi le roi ne récoltait-il, avant 1898, de l'impôt agraire, léger, payable en argent et en céréales; de la taxe des maisons; des redevances payées par les concessionnaires de terres, de forêts, de mines ou de grands travaux (ceci récemment!) que 6 millions. Le plus clair de ses ressources venait du monopole du ginseng rouge, affermé pour 375,000 francs à la ghilde *Chong In*, et des droits perçus dans les ports ouverts par les douanes maritimes. Les événements récents les ont augmentés, car le nombre des ports accessibles au commerce maritime international a été plus que doublé et les opérations commerciales se sont notablement développées.

Néanmoins, on ne peut guère évaluer les recettes annuelles du trésor royal à plus de 20 millions, et on comprend, sans avoir fait au préalable un calcul la plume à la main, que le roi ne paie pas décemment ceux auxquels il délègue son autorité.

On comprend aussi que la Corée soit encore plus pauvre que la Chine en routes, en cours d'eau aménagés, que les villes, y compris la capitale, Séoul, soient des sentines et les villages des cloaques, dont la malpropreté, si les hygiénistes ont raison, atteste, chez la population qui résiste à l'empoisonnement par les miasmes, les infiltrations et les germes mortifères de toute sorte, une vitalité et une puissance de sélection naturelle exceptionnelles.

Dans les cours des maisons, où les femmes, sauf celles du peuple, sont étroitement cloîtrées, comme dans les rues, la pratique insoucieuse du « tout dehors! » accumule les immondices jusqu'à ce qu'une pluie d'orage les emporte.

Et toute la population adulte, vêtue uniformément de pantalons bouffants et de surtouts de toile blanche faits de morceaux de cotonnade collés et brillantés à grand renfort de martelage entre deux rondins de granit, évolue dans cette fange, enrichie naturellement par les innombrables poneys et bœufs employés aux charrois. Les femmes tissent, lavent, plissent et recollent ces vêtements. Un seul blanchissage les occupe vingt-quatre heures. C'est peut-être pour cela qu'a été adopté ce costume, si mal à sa place dans un milieu pareil?

Quant à la mode des cheveux longs et pendants pour les jeunes gens; tordus en chignon sur le crâne pour les hommes; des petits bonnets de police des femmes; des petits chapeaux coniques en crin ou en brins de rotin, qui semblent des boîtes à mouche, et deviennent risibles quand un mandarin y ajoute deux ailettes, pareilles à des oreilles d'âne; au large chapeau ajouté à ce premier couvre-chef, et à l'éteignoir de papier huilé, plissé en abat-jour qui abrite le tout, en cas de pluie, les Coréens les tiennent de la « vénérable et sainte antiquité ». Leur paresse les a gardés, pendant que les Chinois eux-mêmes y renonçaient pour adopter les vêtements, la coiffure et la chaussure les plus exactement adaptés à leur climat.

Dernier trait : il n'y a de bains, en Corée, que dans les concessions japonaises et chez certains particuliers blancs. Mais, par contre, on y trouve autant d'asiles forains pour les amateurs de « beuverie » et de mangeaille que de marchands de vins dans certains pays d'Europe, et seul de tous les jaunes, le Coréen mange et boit par pure goinfrerie, et habituellement jusqu'à l'ébriété.

* * *

Un pareil peuple n'aurait pu échapper à l'écartellement entre les convoitises de ses voisins, que si la Providence l'avait suspendu entre ciel et terre, comme les ingénieurs du *Laputa*, de Gulliver, le diamant qui portait leur ville.

Au lieu de cela, elle leur donna pour voisin immédiat le plus inquiet, le plus convoiteur et le plus combatif des peuples asiatiques : les Japonais ! Et depuis les temps mythiques, où l'histoire n'est pas encore distincte de la légende, les Enfants du Soleil Levant ont disputé à la

Chine le « Pays du Matin calme », où ils savaient trouver un climat convenable pour eux.

Tant que l'affaire fut limitée au monde jaune, la Chine l'emporta. Il ne reste qu'une fable de la conquête prétendue de la presqu'île coréenne, par l'impératrice, très lointaine, Daï Dzingo, et les soldats du Fils du Ciel balayèrent, en 1598, les bandes du Chogoun Yedeyoshi, qui se croyaient maîtresses du pays, parce qu'elles le mettaient à feu et à sang depuis 1592.

Mais à partir du bouleversement politique et social qui abolit au Japon le régime féodal et le Chogounat *(bakoufou)* et rétablit l'empereur, sans tutelle, sur son trône, la situation fut changée du tout au tout, grâce à l'adoption, par le gouvernement nouveau, des méthodes militaires, navales, industrielles, commerciales et administratives de l'Europe, d'une part; de l'autre, grâce à l'affaiblissement graduel de la Chine, livrée à toutes les incohérences et les faiblesses d'une dictature féminine, pendant que la France, la Russie et l'Angleterre forçaient ses portes à coups de canon, s'établissaient chez elle et annexaient peu à peu les morceaux d'elle qui leur convenaient le mieux.

C'est ainsi qu'en 1876 le Japon réussit à arracher à la Chine l'établissement d'un commencement de condominium en Corée, dont il reconnut formellement l'indépendance, en acceptant un protocole en termes très formels, rédigé par les Chinois eux-mêmes. L'année suivante, les Japonais acquirent le droit de venir dans les ports et d'entretenir à Séoul des représentants diplomatiques. Malheureusement, ils ne les choisirent pas toujours très heureusement... Pour arrêter leurs progrès, dont la direction et le but étaient évidents, Li Hung Chang conseilla au roi de Corée de faire aux blancs les mêmes avantages qu'aux Japonais, de façon à équilibrer les convoitises des uns par les jalousies et les méfiances des autres. Sa Majesté Li Hsi écouta ce bon conseil.

Fousan où, depuis 1443, les Japonais entretenaient une véritable colonie, moyennant le paiement d'une redevance de quelques piastres au gouverneur de Tong Naï par le daimio de Tsou-Chima, fut déclaré ouvert au commerce international en 1879; Gensan, en 1880; Tchemoulpo, en 1882.

Depuis, les intrigues nippones avec le Taï ouen Koun et les divers factieux qui déchiraient la cour et le pays de leurs rivalités sans frein, contraignirent le roi du « Royaume Ermite » à développer encore cette politique (1). Il signa des traités de commerce le 5 mai 1882 avec les Etats-Unis d'Amérique du Nord; le 26 novembre 1883

---

(1) Voir *La Corée, russe, indépendante ou japonaise*, Villetard de Laguérie. Hachette, 1898,

avec l'Allemagne et l'Angleterre; le 26 juin 1884 avec l'Italie; le 7 juillet 1884 avec la Russie; en 1886 avec la France; le 23 juin 1892 avec l'Autriche-Hongrie. Rien n'y fit.

L'ennemi était dans la place : il occupait, en vertu d'une concession arrachée, en 1885, à la suite du traité de Tien-tsin, un quartier de Séoul. La Chine n'avait plus de flotte : l'amiral Courbet l'avait détruite à Foutchéou. Elle dut reconnaître au Japon des droits exactement égaux aux siens en Corée, où, incontestablement, il était un intrus... Et d'intrigue en conspiration, de conspiration en attentat, les Japonais en vinrent à la crise de 1894, où, sous prétexte de coopérer avec leurs contractants de Tien-tsin au châtiment des rebelles Tonghaks qui menaçaient Li Hsi jusque dans Séoul, ils occupèrent le palais du roi (26 juillet), battirent les Chinois à Asan le 29, empêchèrent l'envoi de renforts chinois en coulant le *Kowsking* devant l'île Chopaïoul, et par les grandes victoires de Hpyeng-yang, sur la terre, le 15 septembre, et de Haï yang ou de Yalou, sur mer, le 17, mirent fin à la suzeraineté, bien des fois séculaire et parfaitement acceptée des indigènes, de la Chine sur la Corée.

Un traité d'alliance offensive et défensive (6 août 1894) conclut l'œuvre, en reconnaissant l'indépendance du « Pays du Matin calme »..... seulement à l'égard de la Chine. Ce fut la faute capitale du Japon, de laisser trop clairement voir que son but avait été de s'établir despotiquement en Corée...

Les vexations, véritablement insupportables, que ses représentants, le comte Inouye surtout, infligèrent, sous couleur de « suggestions » amicales, au roi Li Hsi, et de « réformes », à son peuple, préparèrent une réaction contre l'œuvre accomplie ou entreprise depuis « l'affranchissement » du pays. Le ministère Ito rappela le comte Inouye. Il le remplaça par un sinologue, le vicomte Mioura Goro, qu'il ne connaissait pas, du moins il faut l'admettre, et qui manœuvra de telle sorte que le 8 octobre 1895 au matin, à la faveur d'une sorte de mutinerie militaire, une bande de « bravi » japonais, bien connus là-bas, et cotés très bas sous le nom de *soski*, pénétra par effraction et escalade dans le palais privé où résidait le roi et massacra, avec nombre de ses dames d'honneur, la reine Taou-Lang-Dao, considérée, avec raison, comme l'âme de la résistance aux empiètements du gouvernement et des citoyens de l'Empire du Soleil Levant.

Le représentant de la Russie récolta du coup la moisson qu'il soignait depuis plusieurs mois. Révolté par l'acquittement des assassins et de leurs complices, à Hiroshima, par les intrigues persistantes qui minaient le terrain sous lui, le roi Li Hsi se mit dans la main du gouvernement russe en se réfugiant à la légation de Russie (février 1896).

Ce fut l'acte créateur de la situation d'où est sortie la guerre actuelle. Nous ne donnons ici qu'un court résumé de cette situation, nous réservant d'en donner l'analyse développée, appuyée des documents diplomatiques officiels, dans le dernier chapitre.

Il fallait aviser au plus vite et essayer de sauver ce qui était sauvable. Le Japon envoya au couronnement de l'empereur Nicolas II le prince Foudjimi et le maréchal Yamagasa qui ratifia, le 8 juin 1896, une convention signée le 14 mai à Séoul, et que nous donnerons plus loin, *in extenso*, avec d'autres documents.

Aux termes de ce nouvel article du droit public international, le Japon garantissait au roi Li Hsi protection contre les *soski* et autres mauvais garnements venus de ses îles; il s'engageait à ne conserver des postes militaires que pour protéger la ligne télégraphique de Séoul à Fousan, à n'y caserner que des gendarmes, et à ne pas en entretenir plus de 200 en tout; à ne conserver de garnison qu'à Séoul, Fousan et Gensan, et à ne pas dépasser un effectif de 200 hommes pour chaque place.

Le gouvernement russe se faisait reconnaître le droit d'entretenir, sur les mêmes points, des détachements d'égale importance.

Promesse formelle était faite, par les deux Etats contractants, de faire cesser cette occupation aussitôt que la pacification du pays serait réalisée.

Russie et Japon s'engageaient, en outre, à user de leur influence amicale pour amener le gouvernement coréen à équilibrer son budget, en supprimant les dépenses inutiles; à lui venir pécuniairement en aide, s'il était contraint de faire un emprunt à l'étranger, et à lui laisser le soin de créer, avec ses moyens propres, une police capable d'assurer la sécurité publique.

Le roi de Corée rentra dans son palais et rompit les derniers liens qui l'attachaient à la Chine en se proclamant empereur, en renonçant au nom de Li Hsi porté sur sa patente royale délivrée à Pékin, en prenant, de son chef, le nom de Yi Hyeng, en changeant le nom de son Etat *Chosen* en *Daï Chosen* ou *Daï Han*, du nom de l'éponyme de sa dynastie le soldat de fortune Han ou *Ouen ta chao*, et en renonçant à l'ère et au calendrier chinois.

Néanmoins, il continua la politique suggérée par Li Hung Chang en ouvrant au commerce international les ports de Mokpo (février 1896), de Tchinampo, 6 octobre 1897, de Syeng, Han San et Masamhpo, de Tjin (1897 à 1899).

Les Japonais profitèrent largement de ces facilités dont ils étaient mieux placés que personne pour tirer un avantage immédiat, et crurent remplacer, sans rien perdre au change, au contraire, leur domination politique par la mainmise sur le commerce et l'industrie.

La prise à bail de la presqu'île du Kouang Tong (Taï lien Ouan et Port-Arthur) par la Russie en 1898, et le prolongement du Transibérien à travers la Mandchourie jusqu'à Niouchouang et Port-Arthur firent évanouir leur rêve, et leur démontrèrent que, fatalement, ils ne seraient jamais, en Corée, que chez le tsar. Ils se résignèrent pour un temps, et se contentèrent d'obtenir une Convention nouvelle, qui tout en reconnaissant formellement l'indépendance de la Corée, leur garantit la liberté de commerce, à laquelle ils tiennent avant tout. Nous donnons plus loin cette Convention.

Les Russes, depuis, ont construit un dépôt de charbon, en rade de Tchemoulpo, sur l'île de Kyo tong. Les Japonais entretiennent un stationnaire dans le port. Ils ont, vainement jusqu'ici, essayé de se faire donner main-levée de l'hypothèque russe sur la Corée, en offrant de consentir à laisser le champ libre à la politique russe en Mandchourie... *Adhuc sub judice lis est*. Il est probable que le tour du monde accompli en 1901 par le marquis Ito avait pour objet principal de décider les puissances à seconder ces tentatives dans l'intérêt de la paix en Extrême Orient. Il est aujourd'hui certain que les puissances se sont souvenues d'un apologue oriental où il est traité du danger consécutif à la première morsure du meilleur ami de l'homme...

Tout ce qui précède établit que le « Pays du Matin calme » est suffisamment doté de richesses naturelles pour récompenser amplement les pionniers hardis qui entreprendront d'aménager, pour leur utilité, les 218,200 kilomètres carrés sur lesquels 9,670,000 êtres humains vivent pauvrement et ne peuvent faire vivre un gouvernement digne de ce nom.

Notre Indo-Chine est admirablement placée pour faire concurrence au Japon. Il ne lui manque que la possibilité de faire circuler notre pavillon dans les mers qui ceignent le pays du Matin calme, et de concourir ainsi à alimenter l'insatiable boulimie de l'immense estomac chinois. Tout le long de ces côtes si découpées, nous trouverons abondamment du fret à échanger contre le fer, le cuivre, l'étain qui, du Yunnam, peuvent descendre au Tonkin; le sel que les Nha-Kès tonkinois produisent, et qui manque en Corée; les articles de bois et de métal, que nos Annamites fabriqueraient aussi bien et à aussi bon marché que les Japonais, etc.

Ceux-ci ont l'avantage d'être rapprochés de leur terrain d'opérations, et d'avoir des compagnies de navigation subventionnées : la *Nippon*

Yusen Kwaisha, la *Osaka Chosen Kwaïsha*, etc.

Un ancien gouverneur général de l'Indo-Chine, M. Doumer, qui a toujours conçu la plus haute idée de l'avenir promis à notre Indo-Chine, si une administration habile, prévoyante et hardie, prend à tâche de l'armer contre la concurrence redoutable qu'il lui faudra vaincre avant d'occuper la place qui lui convient dans le monde extrême oriental, a reconnu la possibilité de compenser, pour nos nationaux d'Indo-Chine, le désavantage de la distance.

Sur sa proposition, dans la dernière session tenue au mois d'octobre 1901, le Conseil supérieur de l'Indo-Chine a voté l'allocation de primes à la navigation marchande française dans les mers de l'Extrême Orient. Ces primes sont fixées à 1 fr. 10 par tonneau de jauge net et par 1,000 milles marins parcourus. Chaque escale d'un bateau engagé dans ce grand cabotage à l'un des ports indo-chinois vaudra à l'armateur une majoration de prime qui pourra atteindre jusqu'à 25 o/o en surplus de celle à laquelle il aura déjà acquis des droits.

Grâce à cette initiative, nous n'aurons peut-Danois, des Hollandais, réaliser de très sérieux bénéfices en se faisant les rouliers payés de ces mers, dont nous nous contentons d'assurer, par nos escadres, la police très onéreuse.

CHAPITRE III

Agriculture. — Industrie. — Commerce.

Le développement du commerce de la Corée pourrait servir à démontrer qu'il suffit de changer l'air d'un pays, en ouvrant ses portes et ses fenêtres, et de lui fournir des moyens de communication pour donner l'essor à des facultés, insoupçonnées souvent, d'acheter, de vendre et de produire, si cet axiome économique avait besoin d'une démonstration. Nulle part, en effet, cet instrument de transformation qu'est le commerce n'a attaqué matière plus réfractaire que le peuple du « Royaume Ermite », et nulle part, la continuité des progrès de son action n'a mieux prouvé, par sa lenteur même, qu'aucun obstacle ne peut contenir, une fois qu'ils sont éveillés, les besoins humains primordiaux auxquels le négoce accorde satisfaction.

Mais la mise en train a été longue et pénible. L'installation de communautés japonaises actives, âpres au gain, à Séoul, à Fousan, à Tchemoulpo et à Gensan, à partir de 1877, en vertu du traité de Tien-tsin (1876), n'exerça, pendant une huitaine d'années, guère plus d'action que n'en avait eu, sur ses environs immédiats, la colonie nippone qui vivait à Fousan depuis 1442. Mais les ferments énergiques du tempérament des sujets du Mikado ne sont pas de ceux que des tissus étrangers peuvent neutraliser dans un kyste.

Dès 1882, la Corée put apprécier pleinement la vitalité de la greffe qu'elle avait laissé faire sur elle, d'après les troubles profonds de sa santé générale. Elle crut la rétablir par un de ces remèdes spécifiques, qui tuent ou sauvent le malade à bref délai. Feu Li-Hung-Chang le lui fournit, en opposant étrangers à étrangers, par l'extension des privilèges de navigation et de commerce, dont bénéficiaient les seuls Japonais, aux Américains, aux Anglais, aux Allemands et aux Autrichiens (1882-1892).

On sait quel fut, politiquement, le résultat de cette médication : la Chine perdit la Corée par l'article premier du traité de Chimonosaki.

Nous allons examiner quel en a été l'effet économique.

* * *

La comptabilité et les statistiques figurent en bonne place parmi les « chinoiseries » dont la Chine et la Corée laissaient, jadis, le monopole aux « Barbares, fils de la mer ». Aussi longtemps que le « Pays du Matin calme » mérita son nom de « Royaume Ermite », et même un peu après l'ouverture des ports de Tchemoulpo, Gensan et Fousan, les mandarins coréens persistèrent dans ce dédain, et gardèrent soigneusement, pour leurs perceptions, ces bonnes caisses extrême-orientales, semblables au boisseau suiffé du conte des *Mille et une Nuits*.

Ce fut la Chine, pourtant, qui mit fin à ces « jours alcyoniens ». Elle éprouva le besoin de garantir le paiement du tribut coréen et les intérêts d'un emprunt souscrit par elle à Li Hsi et, pour cela, de mettre un compteur à la source la plus régulière des revenus de son vassal. Elle lui imposa le service des Douanes Maritimes Impériales Chinoises, et des subordonnés de sir Robert Hart furent installés à Tchemoulpo, Fousan et Gensan.

Le nombre et la nature des articles échangés par la Corée, à ce moment, est une première révélation de la léthargie qui la paralysait. Elle vendait du riz, des pois, des haricots, des peaux, des poissons salés ou séchés, du blé, très peu de coton brut, pas du tout de coton égrené, beaucoup d'œufs, de tourteaux de pois, de haricots et de fèves, d'os d'animaux, de ginseng rouge et blanc, du sésame, du papier, des bestiaux vivants (poneys et bœufs), du camphre et des bois. Ce dernier article était entièrement vendu à la Chine, et le principal marché en était Tien-tsin. Des jonques, chargées à couler bas, de troncs équarris, venaient les décharger dans le quartier nord de la ville, où j'ai pu en voir, en 1900, d'immenses dépôts sur les deux berges du Peï Ho.

La Corée achetait du blé, de la bière, du riz de meilleure qualité que le sien, du seigle, des farines et vermicelles, des varechs bruts et coupés, du verre sous toutes ses formes, du cuivre, du fer, bruts ou fabriqués, du bronze, du coton brut, des filés de coton, des cotonnades, des soieries et des crêpons, des flanelles de coton, des tissus de soie et coton, des tapis de chanvre et de coton, du tabac travaillé et à travailler.

En somme, elle produisait juste ce que lui donnait, comme aux bergers de l'âge d'or :

> *Sponte suâ, sine lege* (1).....
> .....*Justissima Tellus.*

Les statistiques de 1884 achèvent ce tableau en

(1)   D'elle-même, sans contrainte,
         La Terre très juste.

relevant, comme mouvement de numéraire, 737,635 piastres entrées dans la contrée, (2,950,540 fr. à 4 fr. la piastre), et 999,720 sorties du pays, ou 3,998,880 francs; au total : 6,949,420; soit le mouvement d'une petite préfecture de France.

* * *

Mais, à partir de cette année, les Coréens prirent l'habitude de venir acheter et vendre dans les places où, depuis l'an d'avant, les étrangers avaient des entrepôts (*godowns*) et des comptoirs. Et, trois ans plus tard, les statistiques douanières enregistraient, pour 1887, un commerce total de 20,052,000 francs, décomposées en 11,260,000 francs pour les importations et 8,792,000 francs pour les exportations.

Les articles les plus achetés par les Coréens avaient été les cotonnades (7,536,000 francs); les drogueries et couleurs (764,000 fr.); les soieries (668,000 fr.); les métaux bruts et ouvrés et les machines (664,000 fr.).

Les articles les plus vendus par eux avaient été : les fèves, pois et haricots (1,340,000 fr.); les peaux de bœuf (1,200,000 fr.); les métaux précieux, surtout l'or (5,552,000 fr.).

Et, en 1889, le même service de sir Robert Hart relevait, tant à l'entrée qu'à la sortie des trois ports précités : 810 jonques, 249 vapeurs, 165 voiliers de forme européenne.

* *
*

Deux ans plus tard, en 1891, la Russie inaugurait son service de Vladivostock à Changhaï, avec escales à Gensan et Fousan, pour concurrencer les compagnies chinoises, dites *China merchant Steam Navigation C°* dont Li-Hung-Chang était un des principaux actionnaires, et japonaise, dite *Nippon Yusen Kwaisha*, dont nous nous occuperons en détail plus loin.

En 1892, les douaniers comptaient 1,386 navires, jaugeant ensemble 390,497 tonnes, et, parmi eux, 538 vapeurs, absorbant, à eux seuls, 357,769 tonnes, à l'entrée des ports ouverts; et, à la sortie, 1,418 navires, avec une jauge totale de 391,716 tonnes, dont 359,000 pour 539 vapeurs. Sur ce gros total, l'Angleterre réclamait seulement 3 bateaux jaugeant 426 tonnes. Par contre, le Japon arrivait tête de liste avec 328,000 tonnes.

* *
*

Les chiffres les plus significatifs sont ceux qu'a relevés la douane pour 1893, l'année qui précéda la guerre sino-japonaise, d'où la Corée sortit affranchie de la suzeraineté chinoise, mais aussi lancée vers des aventures, dont il n'est pas bien malaisé maintenant de préjuger le caractère et la fin !

A Gensan, on constata un mouvement d'échanges de 4,757,321 fr. 38; à Fousan, de 7 millions 482,446 fr. 02; et à Tchemoulpo de 12 millions 805,569 fr. 70, bien que la baisse considérable de la piastre, tombée de 4 fr. 26 (1890) à 4 fr. 06 (1891), puis 3 fr. 68 (1893), puis enfin, en 1893, à 3 fr. 22, ait été fort gênante pour le commerce étranger, sauf, néanmoins, pour celui des Japonais, puisque ce peuple avait encore, à cette date, l'étalon d'argent.

Les plus gros achats avaient porté sur les cotonnades (5,309,780 fr.); puis ensuite sur les soieries, les cuivres, le pétrole, le sel, mais pour des quantités de cinq à dix fois moindres.

Les plus fortes ventes avaient été celles de fèves, haricots, pois (2,022,160 fr.); puis du riz, pour à peu près la moitié de cette somme; des peaux, pour le tiers. Il avait été exporté pour 2,958,081 fr. 98 d'or en pépites, lingots et poudre, dont plus de deux tiers, du port de Gensan.

L'examen du mouvement des navires est instructif :

1,322 à l'entrée, dont 582 vapeurs, prenant 357,769 tonnes, d'un jaugeage total de 387,329 tonneaux;

1,331 à la sortie, dont 582 vapeurs prenant 357,329 tonnes d'un total de 386,771.

Dans le nombre, le pavillon américain figurait pour 1 vapeur; le chinois pour 18 vapeurs et 19 jonques; l'allemand pour 8 vapeurs; le russe pour 30 vapeurs, le coréen pour 141 vapeurs et 149 voiliers de type étranger; le japonais pour 383 vapeurs, 55 voiliers de forme étrangère et 518 jonques.

Malheureusement, le pourcentage des échanges continuait à indiquer que la Corée vivait toujours de ses produits naturels, sans les manutentionner encore.

Dans ses importations, les denrées alimentaires figuraient pour 5,6 o/o; les matières premières pour 19,7 o/o, et les objets fabriqués pour 74,7 o/o.

Dans ses exportations, il faut donner 48,8 o/o aux matières alimentaires; aux matières premières, 50,4 o/o; et aux objets fabriqués, 1,8 o/o.

Ces chiffres sont fournis par le compte-rendu officiel des opérations des douanes coréennes jusqu'à la fin de l'exercice 1893, qui a été publié à Changhaï, en 1894, par l'ordre de sir Robert Hart.

***

Pendant les années suivantes, la prépondérance japonaise s'est, de plus en plus, affirmée sur le marché coréen. Le tableau que voici en fait foi :

Le Japon a acheté en Corée, en 1894, pour 5,458,780 francs et a vendu pour 5,458,292 fr. 50.

En 1895, ses achats ont produit 9 millions 578, 692 fr. 50; ses ventes, 7,313,508 fr. 50.

En 1896, année où une partie du corps d'occupation évacue le pays, le Japon y acheta pour 8,419,232 fr. 50 et y vendit pour 12,797,312 fr. 50.

En 1897, il y acheta pour 12,941,432 fr. 50, et y vendit pour 22,160,900 francs.

En 1898, ses achats allèrent à 14,610,830 fr., et ses ventes à 12,990,080 francs.

Tous ces chiffres sont empruntés au *Résumé statistique de l'empire du Japon*, publié, tous les ans, par le Cabinet impérial de Tokio, et convertis en francs par le calcul de la piastre à 2 fr. 50, qui est, depuis dix ans, la valeur moyenne de cette monnaie.

D'après la même source, l'empire mikadonal faisait, cette même année 1898, un commerce total de 42,197,975 francs avec Formose, conquise sur la Chine en 1895. Son commerce avec la Corée, où pourtant il n'est pas chez lui, et où il leur faut payer des droits de douane, s'est approché, néanmoins, beaucoup de ce chiffre, en atteignant 27,600,910 francs.

* * *

Pour l'année 1899, le rapport de M. Lefèvre, gérant, à Séoul, du consulat général de France, dont M. Colin de Plancy est titulaire, nous apprend que le total des échanges a monté, en Corée, à la somme de 80,145.956 francs; que, sur ce total, le Japon réclame 17,311,320 francs pour ce qu'il a importé et 10,933,993 fr. 20 pour les produits qu'il en a emportés; soit, en somme, une part de 28,245,313 fr. 20, qui représente, on le voit, plus du tiers du commerce total du Pays du Matin calme.

« Il tient la tête sans aucun doute, dit M. Lefèvre, avec les fils et filés de coton, les cotonnades, les allumettes, la bière, le charbon, le cuivre en lingots, la porcelaine, les soieries...

« A l'exportation, le Japon tient également le premier rang. Il achète, en Corée, du riz, des haricots, des peaux de bœufs, de la poudre d'or. La Chine, qui importe de Corée, du guiseng, du papier, du poisson sec, de la poudre d'or, occupe le second rang. On peut dire que ces deux pays absorbent la presque totalité du commerce d'exportation de la Corée. »

Et dans le mouvement de la navigation, le pavillon japonais couvrait, à lui seul, 2,448 bateaux sur un total général de 3,715, et 1,179 vapeurs, contre 61 russes, 4 allemands et 421 coréens.

CHAPITRE IV

Progrès réalisés depuis 1898.

La convention Nishi-Rosen, entre la Russie et le Japon (1898), dont on trouvera le texte intégral dans le dernier chapitre, a été une ère pour la Corée. Elle a convaincu le Japon de la nécessité de réaliser économiquement la conquête du pays, de faire de ses commerçants, banquiers, ingénieurs et industriels, les fourriers de ses navires de guerre et de ses bataillons. Il a compris que ses plus solides garnisons et camps retranchés seraient des communautés actives et entreprenantes, massées autour des offices et comptoirs de ses maisons de banque, d'exportation et de navigation, et que la possession incontestée de tous les moyens pratiques de créer et de développer la richesse serait l'argument le plus puissant et le moins aisément réfutable que ses diplomates puissent opposer à leurs rivaux.

Les Anglais, après 1886 et même après 1895, avaient flairé la Corée et s'en étaient détournés en grommelant le

« Tirons-nous, car il sent »......

du compère l'ours dont un croquant avait vendu la peau avant d'exproprier le propriétaire. Il « sentait » en effet, le Royaume Ermite; mais *le renfermé*, et il a suffi d'établir une énergique ventilation pour démontrer que ce prétendu cadavre avait une forte vitalité et n'était qu'en léthargie.

L'aérage a été assuré par l'ouverture de ports au commerce étranger et par la création d'un service postal, télégraphique et téléphonique, et la Corée a prouvé que la vie était simplement engourdie en elle par l'athritisme résultant du gouvernement mandarinal à la chinoise, en adoptant immédiatement et en achalandant abondamment les instruments d'amélioration qui étaient offerts à sa vie.

Les Ports ouverts.

Dès janvier 1896, le souverain coréen ouvrit aux étrangers, et à tous, le port excellent de Mokpo, à peu près en face des groupes Creighton et Bate; le 6 octobre 1897, il ouvrit encore

Tjyeunmanpo ou Tchinampo, sur l'estuaire du Daï dong, à 56 kilomètres en aval de la grande ville de Phyeng yang, et au débouché d'une contrée dont nous avons indiqué plus haut les richesses minières. Le 28 juillet 1898, il déclara ouverts à tous les étrangers les ports de Syeng tjou, sur le Han, à 25 kilomètres en aval de Séoul; de Han San, sur un fleuve cotier, tributaire de la mer Jaune, qui draine la partie occidentale de la riche province agricole de Tjyel-la to; et, en octobre 1899, de Masamhpo, dont nous avons décrit précédemment le site, et fait connaître l'importance commerciale et militaire.

Dans les trois derniers mois de l'année 1903, au milieu de la crise qui vient de se dénouer par la guerre entre le Japon et la Russie, le gouvernement coréen a porté à onze le nombre des concessions étrangères, en ouvrant au commerce international les trois ports de l'embouchure du Yalou, An-Tong, Yougampho et Oui-Djiou.

Le développement du commerce suivit immédiatement ces mesures intelligentes. Elles profitèrent autant aux trois anciens débouchés qu'aux cinq nouveaux, tant il est vrai que le plus sûr moyen de provoquer un progrès économique est de donner à une population le moyen de gagner de l'argent et d'en dépenser.

Fousan, la concession doyenne, n'a pas interrompu son mouvement expansif et n'a ressenti en rien la concurrence, pourtant très proche, de Masamhpo. Le mouvement total des importations et des exportations, qui avait été de 15 millions de francs en 1900, a augmenté de 55,650 fr. On objectera que les travaux en cours de la ligne ferrée qui rejoindra Séoul n'ont pas nui à cette augmentation, mais on ne niera pas que la continuation des travaux de l'exploitation ultérieure du chemin de fer ne garantissent absolument la prospérité future d'une place de commerce où la clientèle a déjà l'habitude de venir.

Gensan, qui était stationnaire depuis plus de vingt ans, et n'avait importé et exporté que pour environ 7 millions en 1900, a porté son chiffre d'affaires à 8,200,000 francs en 1901. Il est vrai que l'établissement d'un tarif élevé à Vladivostock a probablement fait arriver à Gensan des marchandises à destination de la Russie d'Asie. Mais cette situation peut se prolonger, et, pendant qu'elle se prolongera, Gensan peut se donner des organes qui lui manquent, et conserver l'avance que le hasard lui a permis de prendre.

Tchemoulpo, dont sa proximité et ses faciles communications avec les 210,000 habitants de la capitale, font le grand entrepôt de la Corée depuis 1876, a vu également croître son chiffre d'échanges, malgré l'ouverture de Han San, de

Syeng tzin et de Tchinampo, tout autour de lui.

La valeur totale de ses importations et exportations, qui était, en 1900, de 27,827,650 francs, est montée, en 1901, à 31,402,677 fr. 50.

Quant aux ports plus récemment ouverts aux étrangers, si la mise en train a été laborieuse, elle s'est cependant produite, et commence à donner des résultats tout à fait encourageants.

Masamhpo, paralysé pendant deux ans par le redoutable voisinage de la communauté japonaise de Fousan, malgré les difficultés d'affaires engendrées par deux mauvaises récoltes en 1900 et en 1901, a vendu ou acheté pour 5,866,645 fr. en 1900, soit 250,000 francs de plus qu'en 1899, et a fait en 1900 un gain de 259,828 fr. 50, avec un chiffre total de transactions de 846,473 fr. 50.

Mokpo, qui a souffert aussi des mauvaises récoltes précitées, a cependant fait, en 1900, pour 3,461,775 francs d'affaires; et, en 1901, pour 3,500,122 fr. 50. Si le lecteur veut bien se reporter aux pages précédentes, il verra que ce chiffre représente à peu près la moitié du commerce total de la Corée entière en 1883!

Syeng tzin, si près de Tchemoulpo, peuplé d'un millier d'indigènes et d'une quarantaine d'étrangers, victimé aussi par deux récoltes très inférieures à la normale, a néanmoins fait, en 1900, pour 537,287 fr. 50 d'import et d'export, et a porté ses échanges avec l'extérieur à 885,325 fr. en .1901.

Han san, entre Tchemoulpo et Mokpo, offre un exemple plus frappant encore de l'effet produit sur toute la Corée par l'ouverture des portes et fenêtres trop longtemps closes.

Des contestations entre Japonais et Coréens, à propos de livraisons de marchandises, avaient amené les commerçants des deux nations à se boycotter réciproquement, et à refuser, à qui mieux mieux, leurs commandes, pour leur plus grand préjudice, évidemment.

Mais dès que cette querelle prit fin, le commerce reprit, et avec une telle énergie que les chiffres de 1900, qui avaient donné, au total, 2,673,170 francs, furent dépassés et portés à 3,188,132 fr. 50, en 1901.

Tchinampo a profité, au contraire, des récoltes excellentes de riz dans la province de Hpyeng An, et du besoin qu'on eut de cette céréale dans le reste de la Corée et même au Japon. Le développement continu de l'industrie minière lui apporte aussi un élément très actif de prospérité, ainsi qu'un commencement d'industrie d'élevage du bétail à cornes.

En 1900, les statistiques avaient constaté un commerce extérieur total de 4,407,175 francs; elles eurent la surprise agréable d'enregistrer, pour 1901, 5,802,772 fr. 50. Aussitôt la Banque japonaise Daï Ichi Guiko établit dans ce port une succursale, à laquelle l'avenir minier des provinces de Hpyeng An et de Hoang Haï permet de belles espérances.

La fonction n'a pas créé l'organe, c'est incontestable, mais elle en a sollicité la naissance, et, dès qu'il lui a été donné, elle a su s'en servir.

Postes. — Télégraphes. — Téléphones.

Ce dernier mot va suggérer, sans doute, des réflexions diverses à ceux que notre service national prédispose aux maladies nerveuses... Mais ils peuvent être rassurés. En Corée, il n'est pas confié à des femmes; la plus belle et la meilleure moitié du genre humain n'est pas encore entrée en concurrence avec le sexe laid, et se contente des occupations auxquelles la nature l'a rendue apte plus spécialement. Et le téléphone va développant, jour par jour, ses kilomètres de fil, à mesure qu'il se fait un plus grand nombre d'obligés.

La poste date, on peut le dire, d'hier, en Corée. Pendant de longs siècles, le pouvoir avait gardé cet instrument de circulation pour son usage exclusif. Les seules lettres qu'il transportât étaient les plis officiels, destinés aux hauts mandarins civils et militaires des provinces, ou adressés par eux au palais.

Quand le Japon peupla, après 1876, ses concessions de Fousan, Gensan et Tchemoulpo, il organisa un service postal, entre elles, et entre elles et le Japon. Mais il n'en fit pas profiter d'autres que ses nationaux (1877).

Quant à la suite d'un emprunt consenti à la Corée par la Chine, Li Hung Chang eut exigé, en garantie, la perception des douanes maritimes, et que le service de sir Robert Hart se fut étendu au « Pays du Matin calme », un service analogue fut créé entre Fousan, Tchemoulpo, Gensan et la Chine, mais ne reçut pas mission de transporter et distribuer les lettres dans l'intérieur (1882).

Le gouvernement coréen, harcelé par des conspirations et des émeutes, essaya de se donner ce moyen pratique de recevoir des informations plus précises que celles de ses représentants officiels. Mais « le parti progressiste » veillait! Son chef Kim ok Kioum, souleva le populace de Séoul; une émeute éclata et l'Hôtel des postes à Séoul fut pillé et réduit en cendres, le jour même de son inauguration! (1er décembre 1884.)

Même après 1895, les Japonais, maître actuellement de la contrée et du gouvernement, depuis août 1894, n'organisèrent pas en Corée un service postal analogue à celui qu'ils possédaient depuis 1877, date de leur entrée dans l'Union

postale universelle, à l'instar des puissances de
l'Ancien et du Nouveau Monde. Ils se bornèrent
au transport intérieur des correspondances, et
parurent peu désireux de voir se développer
des relations directes épistolaires entre le reste
du monde et le coin dont ils souhaitaient ardemment rester les seuls possesseurs. Tout pli venant
de l'étranger, ou destiné à l'étranger, fut soumis
à une double taxe, l'une pour le droit de circulation intérieure, l'autre représentant le numéro
du tarif de l'Union postale universelle. Et dans
tous les bureaux postaux et télégraphiques, on
ne rencontrait que des employés nippons; et sur
tous les impostes on lisait : *Teï Ko-Kou Denchi
Ka Kou*, en idéogrammes, et au-dessous en caractères européens : *Imperial Japanese Post-office*.

Il fallut la pression russe pour desserrer cette
étreinte. En 1897, l'empereur de Corée se fit représenter directement au Congrès postal universel de Washington et, en 1898, la France lui
envoya un de nos fonctionnaires les plus distingués, M. Clémencet, qui fut chargé, comme
instructeur et conseiller juriste, d'organiser, sur
les bases françaises, le service complet en Corée
des Postes, Télégraphes et Téléphones. M. Clémencet réussit complètement dans sa délicate
mission, et le 1er janvier 1900 la Corée entra,
sous ses auspices, dans l'Union postale univer-

selle, régie par la convention de Berne, et administrée par le Bureau international qui siège dans cette ville.

Cette administration de l'empire a pour chef suprême un Directeur Général des Communications, dont l'autorité a été, très à propos, étendue également sur la Navigation. Il a rang de Ministre et voix délibérative au Conseil. Son premier subordonné est le « Directeur des Services d'exploitation », qui peut, en cas d'absence ou de maladie ou de mort, faire l'intérim de la Direction Générale.

Près d'eux, deux conseillers européens sont chargés de ce que nous nommerions en France l'Inspection Générale, l'un du Service Postal, l'autre des Télégraphes et Téléphones.

Au-dessous, immédiatement, fonctionnent : trois Directeurs, l'un du Secrétariat Général, l'autre de la Comptabilité, l'autre de la Navigation. Ils sont assistés de 2 Secrétaires-Interprètes, 1 Ingénieur, 10 Secrétaires et 3 Expéditionnaires. Ces trois Directions ont chacune l'emploi d'un chapitre spécial du Budget des Communications.

Les manipulations sont faites dans des bureaux dits « de plein exercice » et « mixtes ». Les uns et les autres font toutes les opérations que nous connaissons. Il n'y a d'autre différence que la gestion des premiers par des agents spéciaux du Département des Communications, et des seconds par des magistrats des districts ou des fonctionnaires provinciaux, dépendant également du Ministère de l'Intérieur, et rémunérés par une remise de 10 o/o sur la vente qu'ils font des timbres.

Il y a un bureau de plein exercice à la porte Ouest de Séoul, outre le grand bureau central. Dans toute la Corée on en compte 37; il y a en outre 326 bureaux mixtes, et les campagnes sont desservies par 747 boîtes, levées tous les jours, par 472 facteurs ruraux, faisant une tournée quotidienne d'environ 15 kilomètres, et pourvus, outre leurs appointements, d'une indemnité de 15 sen 1/2 par jour, pour subvenir à leurs frais d'auberge et de chaussure.

Ces facteurs opèrent sur un réseau de routes ferrées et terrestres, mesuré par 7,422 kilomètres.

Les lignes maritimes jusqu'ici monopolisées par les Japonais, ont une étendue de 3,200 kilomètres. La totalité des agents chargés d'assurer ce service est de 1,104.

Ils ont manipulé en 1901, tant pour l'intérieur que pour l'étranger 1,702,442 objets! En décomposant : 1,335,289 pour l'intérieur, et 244,786 pour l'étranger! Ce service a coûté au gouvernement coréen 448,200 francs, et lui a rapporté 67,820 francs. Les gages seuls des agents comptent, dans les dépenses, pour 277,785.

La fortune du service télégraphique n'a été ni moins prompte ni moins complète.

Jusqu'en 1883, la Corée « Ermite », n'était reliée par aucun fil électrique, aérien ou sous-marin, au reste de l'univers. Le gouvernement japonais se garda de la faire profiter du câble qu'il immergea, pour son usage exclusif, entre Fousan et Kiou-Siou, avec station intermédiaire à Tsou-Chima.

La Chine ne voulut pas être en reste. Elle fit poser, en 1885, un fil aérien de Séoul à Hpyeng-yang, Oui-djiou et An-tong et relié, à ce dernier poste, au grand réseau du Céleste Empire, dont Pékin occupe le centre. La Chine eut l'intelligence d'ouvrir cette ligne au public, et s'en trouva fort bien, jusqu'à ce qu'en 1889, le gouvernement japonais eût réussi à s'en faire attribuer la gestion par le roi de Corée.

Cette ligne fut naturellement coupée à partir d'An-tong, en 1894; le gouvernement coréen fit rétablir la liaison avec le réseau chinois en 1898; mais les Boxers la rompirent, et elle n'est pas encore de nouveau refaite.

En 1889, une ligne, aérienne également, avait été posée de Séoul à Fousan, et immédiatement accaparée par les Japonais.

En 1896, une ligne de poteaux relia Gensan à Séoul, et Séoul à Mokpo, aussitôt que ce port eut été ouvert, en février.

Depuis, les progrès ont été ininterrompus, et il est impossible de les énumérer, sans risquer de fatiguer le lecteur par une page digne du Bottin.

Les appareils sont fournis par la France; ce sont le Morse et les fils Leclanché. Le tout actionne 27 bureaux occupant un personnel de 113 hauts employés, et 303 subalternes, et desservant 3,500 kilomètres de lignes.

En 1889, avaient été expédiés 112,450 dépêches; en 1900, 125,410 suivirent les fils; et 152,485 en 1901.

Au moment où la rivalité russo-japonaise a dégénéré en guerre, des négociations poursuivies depuis plusieurs années entre la Russie et la Corée allaient aboutir. La Corée allait prolonger jusqu'au Touman la ligne tendue de Gensan jusqu'à Kyeng-syeng seulement, à 170 kilomètres du Touman, moyennant engagement pour la Russie de payer les frais d'établissement de la même ligne du Touman à Vladivostock.

Chemins de fer.

Des Coréens collant des timbres-poste, attendant le facteur, écrivant des dépêches, et criant : *allo! allo!* sur le récepteur d'un téléphone, pavoisés de leurs douillettes blanches, juchés sur

leurs sabots-échasses et ombragés de leurs surprenants couvre-chefs, ont déjà de quoi dérouter
toutes les opinions que nous concevions de leur
conservatisme. Que dirons-nous, quand il va falloir constater qu'ils ne font aucune difficulté, —
bien au contraire, pour prendre des tickets et
s'entasser dans des wagons? Et quand il faudra
ajouter qu'il n'a pas été difficile de les convertir
à l'emploi du monstre de fer, crachant flamme et
fumée, marchant avec le bruit de la foudre, et
coupant en tronçons, sous ses roues brillantes, les
anneaux du grand Dragon, auteur et garant de
la fécondité de la terre?

Dès le lendemain du traité qui affranchit la
Corée de la Chine, les besoins d'air et de lumière
s'affirmèrent au pays de la Sérénité du matin.
Détail à noter : les femmes étaient les plus ardentes zélatrices de la transformation économique..... Elles en attendaient, évidemment,
comme conséquence, une transformation sociale,
qui briserait leur claustration et les amènerait
peu à peu au niveau des Blanches, auxquelles les
lois de leurs pays reconnaissent et sanctionnent
des droits à peu près égaux à ceux des hommes.

La reine Taou Lang Dao, l'énergique princesse Min, avait, pendant les derniers temps de
sa vie, converti son mari, probablement en lui démontrant que les Japonais devaient leurs victoires sur les Chinois à l'adoption des méthodes

et des instruments dont les Blancs s'étaient servis pour s'imposer au Monde Jaune.

Le roi Li Hsi, devenu l'empereur Yi Hyeung, après l'assassinat de sa femme (8 octobre 1895), et conseillé par des hommes qui lui répétèrent les conseils de celle-ci, n'eut pas de peine à comprendre combien il était urgent d'adopter délibérément une politique nouvelle, ne fût-ce que pour susciter des amitiés, des protections, qu'on sentait toutes prêtres à se manifester, et enlever aux Japonais le prétexte d'humanitarisme et de bon voisinage charitable dont ils déguisaient leurs visées annexionnistes.

Fidèle à la politique chinoise, tout en reniant entièrement, comme on l'a vu, ses liaisons antérieures avec le Fils du Ciel, il s'attacha à contenter tous les étrangers, sans favoriser une nationalité spécialement, de façon à équilibrer l'une par l'autre, les convoitises, adroitement divisées, et en partie seulement satisfaites.

La concession du premier chemin de fer fit l'épreuve de cette politique... Il s'agissait d'une ligne de 42 kilomètres, mais qui allait relier à Tchemoulpo, à la mer, la ville de Ouen-tal chao! Une gare allait être construite, non pas dans l'intérieur des remparts, mais tout près d'une des portes, et le sifflet des locomotives ne laisserait plus dormir tranquilles les âmes des ancêtres de la dynastie, dont la pagode est toute voisine!

Néanmoins l'empereur se décida et concéda la construction de la voie et son exploitation à une compagnie américaine. Commencée à la fin de l'année 1897, cette voie fut complètement finie au mois de juillet 1900, et livrée au trafic des voyageurs et des marchandises.

Immédiatement elle eut une clientèle, et il fut démontré que les Coréens étaient beaucoup moins entichés des pratiques traditionnelles importées de Chine qu'ils avaient eux-mêmes donné les plus fortes raisons de le croire.

Pendant l'année 1900, bien que les citadins de Séoul aient été contraints d'aller chercher à 5 kilomètres de leurs murs la station terminale, et l'aient eue à la porte Ouest, seulement au mois de juillet, la compagnie transporta 215,722 voyageurs et 10,885 tonnes de marchandises. En 1901, elle transporta 354,625 passagers et 29,975 tonnes de denrées. Nous n'avons pas les statistiques officielles de 1902 et 1903, et cela n'est ni surprenant ni ridicule; mais nous savons que le mouvement commencé n'a varié que pour s'accélérer. Ceci n'est, malheureusement, qu'une métaphore, dont il ne faut pas étendre le bénéfice aux « matériel et traction » qui roulent sur les rails six fois par jour de Séoul à la mer, et inversement autant de fois.

Le trajet, de 42 kilomètres, dure une heure trois quarts... Mais, en 1895, il fallait perdre toute une journée, et dans quels chemins, justes cieux!

Est-il nécessaire d'ajouter que locomotives et rails et wagons et appareils de toutes sortes, ont été achetés en Amérique?

La ligne a produit immédiatement la couverture des frais de son exploitation; un petit dividende a même pu être distribué. L'amortissement du capital n'a pas commencé; mais il n'est pas chimérique de le prévoir. Aussi les Japonais ont acheté aux Américains cette première ligne de chemin de fer... Ils l'ont probablement payée son prix.....

L'empereur Yi Hyeung avait, en même temps, concédé à la France la construction d'une ligne ferrée devant relier Séoul à la vallée du Yalou; et au Japon, celle d'une autre ligne reliant la capitale à Fousan. Les rails tendaient à devenir indicateurs des zones d'influences.

Des ingénieurs français reconnurent et piquetèrent la trace de la première section de notre ligne. Les arrangements préliminaires furent terminés en 1902, et les travaux commencés le 14 mai 1903, il y a presque exactement un an. Le gouvernement coréen a solennisé l'inauguration de la voie nouvelle, dans la gare terminale, contiguë à celle où finit le chemin de fer de Tchemoulpo, près de la porte Ouest. Le 8 mai 1903 furent invités à se rendre sur cet emplacement, le corps diplomatique et consulaire, tous les hauts mandarins indigènes, tous les résidents étrangers. L'amiral Bayle rehaussa le caractère de cette cérémonie en y assistant en personne, entouré de son état-major, et de la musique de l'escadre d'Extrême-Orient, qu'il commande en chef.

Malheureusement des intrigues, dont les événements actuels éclairent les machinateurs, déterminèrent l'empereur de Corée à ne faire exécuter, pour le moment, que la première section, longue de 75 kilomètres, et arrêter à Hto San ou Song To, à mi-chemin de Phyeng Yang.

Les Japonais ont rencontré meilleure fortune. Dès qu'ils eurent en mains les fers, il les mirent au feu. Les travaux de reconnaissance et de tracé furent exécutés avec la décision qui caractérise leurs actes longtemps étudiés et prémédités. Le gouvernement coréen avait promis au syndicat concessionnaire tous les terrains nécessaires à l'établissement de la voie. Au moment de commencer les travaux, le syndicat fut avisé que l'expropriation coûterait 500,000 francs, et que le gouvernement ne disposait pas de cette somme à cette date. Le syndicat fit immédiatement cette avance, et commença l'infrastructure à la fois de Séoul et de Fousan, à la fin de juillet 1901. Néanmoins, il s'attacha plus particulièrement à la première section, longue d'environ 322 kilomètres de Séoul à Syou-Ouen. Le 20 août, il fit inaugurer la gare de Yong-Tong-Po, deuxième station de la ligne, au sud de Séoul, et au delà du fleuve Han. Le 21 septembre l'inauguration des travaux fut faite à Fousan, à l'autre extrémité de la ligne, et à la fin de décembre 1901, les nivellements étaient complètement terminés de Séoul à un point situé à environ 21 kilomètres au sud de cette ville.

L'auteur du tracé de cette ligne a tenu compte à la fois de la nature du sol et de la richesse du pays à desservir. Pendant environ 149 kilomètres, jusqu'à une ville nommée Kong-tjiou, il a profité d'une surface plane, qui longe le rivage de la mer Jaune. A Yong-Tong-Po, il a pu disposer d'une surface de 283,000 mètres carrés, pour établir une gare de triage, qui ne le cédera en importance qu'à celles de Séoul, qui couvrira 367,400 mètres carrés, et de Fousan, où les bâtiments d'exploitation et les ateliers de réparation du matériel occuperont 701,400 mètres carrés.

En avant de Kong-tjiou, la ligne desservira l'importante mine d'or de Tjik San, à 8 kilomètres 1/2 de Séoul, habilement exploitée par deux Japonais, MM. Arano et le baron Chibousawa.

A Kong-tjiou le tracé se coude vers l'ouest, en descendant le cours d'eau à l'embouchure duquel est le port ouvert de Han-San ou Koun-San. Il va jusqu'à Kang-Kyeng, point où cesse la navigabilité du fleuve et le franchit là.

A partir de ce point, le terrain formé jusqu'alors d'argile recouverte de pierrailles, devient rocheux. Le tracé s'engage dans le massif méridional de la Corée, et, bientôt, le sol est un massif rocheux ininterrompu jusqu'à Fousan. C'est la zone où croît le meilleur ginseng, autour de Keum San, surtout. Mais ses accidents naturels nécessiteront la construction de 31 tunnels, dont l'un traversera la passe de Tcho-tyong par un souterrain de 1,600 mètres.

A Oaï Koan, le tracé fait un nouveau coude, après avoir traversé le Nak Tong, composant oriental du Nam Kang, sur un pont long de 450 mètres, et descend droit sur Fousan à travers des rochers, qui fourniront amplement les matériaux des bâtisses et du ballast.

La ligne sera à voie unique et les rails écartés de 4 pieds 8 pouces, au lieu de 3 pieds 6 pouces, comme au Japon.

La compagnie a fait des appels de fonds auxquels les Japonais ont répondu avec empressement. En février 1901, elle émit 100,000 actions de 125 francs, sur lesquelles 12 fr. 50 seulement exigibles le jour de la souscription. 1,250,000 francs furent ainsi réunis et suffirent à payer les premiers travaux.

A la fin de décembre 1901, une nouvelle émission de 300,000 titres fut faite, et accueillie par 330,000 souscripteurs. L'empereur et la maison impériale du Japon avaient donné l'exemple; l'empereur de Corée et son héritier présomptif le suivirent.

Les 100,000 derniers titres ont été placés depuis, et ont complété le capital de 62 millions 500,000 francs auquel a été évalué le coût de cette ligne, longue en totalité de 471 kilomètres 783. Si les devis ne sont pas dépassés, et, même au Japon, ce n'est pas un phénomène aussi rare qu'une éclipse de soleil, le kilomètre sera payé 132,500 francs.

Le parcours de la distance totale durera de dix à douze heures, à la vitesse moyenne de 46 kilomètres 1/2 à l'heure. Tous les 11 kilomètres, une station; et, si j'en crois mon expérience des chemins de fer japonais, on ne brûlera aucune des 42 gares qui se succéderont.

La guerre russo-japonaise donne à ces lignes, créées ou à créer, une importance telle, qu'il n'a pas paru superflu de transcrire, à leur sujet, tous les détails glanables dans les rapports commerciaux des agents consulaires.

Mines.

L'empereur de Corée a cédé aux sollicitations des étrangers, et leur a accordé des concessions

de gisements métallifères. C'est une entreprise
de longue haleine. Autrefois, il se fût occupé seulement de faire payer sa faveur le plus chère-
ment possible, sans aucun souci de ce qu'en pourrait tirer ultérieurement le bénéficiaire. Mais les
temps ont changé. Sa Majesté a compris que le
vrai riche est celui dont les richesses se renou-
vellent ou augmentent d'un mouvement continu ;
et que l'exploitation à blanc d'un fond quelconque ne produit jamais ce mouvement. Il s'est
donc contenté de ne réclamer aux concessionnaires, pour leur redevance, que 25 o/o des bénéfices, et se borne à enregistrer les déclarations
spontanément faites, et à percevoir, d'après elles.
La douane elle-même a l'ordre de taxer, sans
vérifier, les déclarations reçues, en fait de minerais exportés.

Aurea prima sata est œtas.....

« L'âge d'or a été semé le premier »... Quand
l'exploitation du sous-sol sera bien assurée, le
fisc saura bien apporter son corbillon, et il
faudra y mettre, car, en Corée, comme partout
ailleurs, la plus lourde masse de l'impôt sera
réclamée longtemps encore de ceux qui produisent la richesse, et non de ceux qui jouissent de
la richesse acquise. L'empereur peut déjà prévoir
le jour où cette source apportera un filet de plus
à son trésor.

Une mine d'or a été concédée à des Américains, à Eun San, au nord de Hpyeng Yang. Tous les renseignements s'accordent à représenter comme très prospère cette entreprise, qui a occupé, en 1902, 53 Américains, 2 Anglais, 40 Japonais et 270 Chinois.

Une autre mine d'or enrichit ses concessionnaires MM. Asano et Chibousawa, à Tjik San. Ce n'est pas une raison, parce que ces messieurs crient misère, de croire à leur échec, car ils multiplient depuis deux ans les instances pour obtenir une nouvelle concession.

Des Anglais et des Allemands ont été gratifiés de deux lots voisins à Gwendoline, un peu au nord de Séoul.

D'autres Allemands ont été pourvus à Kim Syeng, sur la route de Gensan, en plein massif des Montagnes de Diamant. La chronique assure que Gwendoline n'a rendu jusqu'à présent que des tumuli de détritus; et que Kim Syeng a coûté, en trois ans, près de 800,000 francs de frais de prospection, forages et achats de machines, et a rapporté 20,659 grammes d'or. Or, en Corée, à la mine, le gramme d'or est payé un dollar argent, soit 2 fr. 50. Placer dans une affaire 800,000 francs, pour en tirer 52,657 fr. 50, c'est, proprement, mettre à la loterie 3 écus pour gagner un décime !

L'inexactitude avérée des déclarations faites

par les exportateurs à la Douane enlève toute valeur au chiffre de 12,982,712 francs, qui devrait représenter l'extraction de l'or en Corée pendant l'année 1901, d'après la proportion du droit d'excise. Néanmoins, c'est une promesse, non d'une Californie, d'un Rand ou d'un Klondyke, mais d'une industrie qui contribuera efficacement à développer la Corée.

Les mines de fer et d'autres métaux sont, là aussi, plus riches, plus prospères, et donnent de plus belles espérances. Le puissant plissement des provinces de Hpyeng Yang et de Hoang Haï do a révélé aux prospecteurs des réserves. Dès maintenant, un gîte est exploité à Tchang-yen, en arrière du port ouvert de Tchinampo, par une société anglaise dite « Iron Ore ». Elle a pu exporter, en 1901, 2,901 tonnes de minerai (tonnes de 43 pieds cubes).

Un de nos compatriotes a également été favorisé d'une concession minière, le 7 juin 1901. Sa charte l'oblige à abandonner 25 o/o de ses bénéfices nets au gouvernement, et lui permet d'exploiter tous les minerais qu'il trouvera. Il le ferait volontiers; mais on n'a jusqu'ici négligé que de projeter sur un coin du sol coréen l'espace de 30 kilomètres sur 20, dont il ne possède que la description sur le papier.

Agriculture.

L'empereur de l'Etat auquel des lois furent données jadis par Ki Tza n'a pas pensé jusqu'à présent à s'occuper de l'agriculture. Il laisse la bride sur le cou à ses sujets. Pas d'enseignement cultural; pas de champs d'expériences ou d'essais; pas d'encouragements à entrer dans des voies nouvelles, par des améliorations, des méthodes scientifiques, ou par des tentatives d'acclimatation. Les rizières, les champs de mil, de maïs, etc., sont aménagés comme au temps du sage Ki Tza. Quand les pluies sont abondantes, la récolte laisse du surplus, et l'exportation est considérable. Quand l'année est sèche, le gouvernement prohibe la sortie des céréales et graines alimentaires, et certaines provinces sont menacées de la famine.

La Corée possède une race bovine sans rivale en Extrême-Orient, et digne de figurer à côté des plus belles que produisent l'Ancien et le Nouveau Monde. Mais le paysan est accoutumé à lui faire porter le bât; il ne pensera pas à la multiplier, en vue de la peau et de la viande, tant que le pouvoir ne lui en suggérera pas l'idée. Tout au plus peut-on constater une tendance à produire des cuirs, des cornes et des os dans la région minière de Hoang Haï do, incessamment parcourue par les étrangers, depuis 1898. Partout ailleurs la routine continue à sévir.

Les Japonais ont fait des essais, des analyses de terre. Frappés de la pénurie du mouton en Extrême-Orient, et de la faveur avec laquelle les résidents étrangers accueillent ceux qui sont importés tués de Changhaï, ils vont probablement essayer d'en introduire l'élevage en Corée, dans quelques vastes concessions fermières des régions du Kyang Xyang, du Tjyen-la ou de Kang Ouen. Les Coréens les suivront probablement, quand, sur cette route encore, ils auront ouvert la marche.

Les Russes n'ont pas attendu cet exemple. Ils ont demandé, et obtenu, le renouvellement pour vingt ans, de la concession faite à un de leurs nationaux du droit d'exploiter la grande forêt qui couvre le seuil, haut de 700 mètres, séparatif des bassins du Touman et du Yalou.

Un autre a obtenu un vaste domaine à Aya Tzin, sur le littoral de la province Kang Ouen. Il y a entrepris l'élevage en grand des bœufs, vaches et moutons, en vue de vendre les dépouilles et de convertir la viande en endaubage destiné aux bâtiments de guerre que les nations civilisées entretiendront, en nombre de plus en plus grand, sans doute, pendant bien des années encore, en Extrême-Orient.

Les pelouses, innombrables en Corée, pourraient facilement être améliorées par nos procédés scientifiques et nos engrais. Les publications spéciales du Japon ont étudié la possibilité de cette entreprise. Elles concluent que le capital qui y serait engagé pourrait être amorti en sept années, et qu'après ce laps de temps, l'agriculture, libéré, encaisserait sûrement, en bénéfice, un revenu variant de 15 à 25 o/o.

Autres industries.

Des entreprises, qui rappellent certains essais malheureux de la période antérieure à 1895, ont été accueillies formellement par l'empereur de Corée. La Russie a obtenu l'engagement d'un ingénieur et de deux contremaîtres, pour trois ans, à partir du 1er janvier 1902. Ces messieurs essayent de créer une verrerie. On espère que le sable vitrifiable, très abondant dans la région de Kyong San, sera, cette fois, moins réfractaire que les précédentes. C'est à cet espoir qu'on a affecté une vieille fabrique de papier dite Min Yong Hoan, située près de Yong Hoa Min.

La Russie a également obtenu le droit de monter une fabrique de cotonnade, draps de coton et draps de laine, très bon marché, pour habiller les troupes régulières et les miliciens.

Enfin la France a obtenu l'engagement d'un

artiste français, élève de l'Ecole de Sèvres, qui va essayer de créer une fabrique de porcelaine à Séoul. On a trouvé du kaolin, du grès céramique et divers ingrédients propres à la céramique dans la région du Han.

Phares.

Le gouvernement coréen a accepté de consacrer une partie des droits de tonnage prélevés sur le commerce étranger à l'éclairage des côtes très dangereuses du *Pays du Matin calme*. Le soin d'élaborer un programme a été dévolu à un ingénieur japonais, qui a soumis, à la fin de 1901, un devis de 2,500,000 francs à dépenser, en cinq ans, pour construire trois grands phares et quinze feux moindres. La commande des appareils a été faite à Paris.

Dès le mois d'avril 1902, il fut décidé que 32 feux et bouées lumineuses seraient immédiatement installés :

Deux à l'entrée du Daï dong et de Tchinampo ;
Deux sur le groupe de sir James Hall ;
Huit aux approches de Tchemoulpo ;
Deux à l'entrée de Han San ;
Quatre à l'entrée de Mokpo ;
Trois à l'entrée de Fousan ;
Deux à l'entrée de Gensan ;

Un à l'entrée de Syeng Kin;

Trois feux le long du chemin extérieur de l'archipel, entre Mokpo et Fousan;

Cinq feux dans le chenal intérieur de cet archipel sur les mêmes parcours.

MONNAIÈ

Un des premiers actes de l'empereur de Corée, quand la convention Nishi-Rosen (1898) eut défini nettement sa position à l'égard de la Russie et surtout du Japon, fut de reprendre la frappe de sa monnaie, confiée momentanément au grand établissement mikadonal d'Osaka.

Il établit son usine à Ryong San. Mais un incendie la détruisit au commencement de 1901. Il la releva, et, dès le 1er juin 1901, y fit frapper des pièces d'argent divisionnaires à son effigie, et même des pièces d'or. Il fit venir aussi d'Osaka un ingénieur japonais, qui installa, avec des éléments coréens, une fabrique et une imprimerie de papier-monnaie. Une section de cette imprimerie fut affectée à la production des timbres-poste. Mais la tentative n'a pas réussi, car une importante commande dut être faite en France.

Travaux publics.

Enfin, une compagnie américaine obtint le privilège d'installer et d'exploiter un tramway électrique partant de l'embarcadère du railway de Tchemoulpo, à la porte Ouest, traversant, de part en part, toute la capitale, et continuant pendant 6 kilomètres, jusqu'à Ryong San, faubourg et port de Séoul.

La même compagnie, encouragée par le succès de cette entreprise, qui suivit immédiatement la mise en circulation des voitures, obtint la concession de l'éclairage électrique des rues de la ville, et soumit un devis pour l'alimentation de ladite ville en eau potable. Le Han est distant de 4 kilomètres, et n'est pas suppléé par le mince ruisseau qui descend du mont Pouk-han à travers le vieux palais et le quartier ouest. La plupart des maisons n'ont d'autre eau que celle des puits, et dans une agglomération où l'hygiène a pour formule : « Tout à la rue », où il n'y a ni égouts, ni fosses d'aisances bétonnées et maçonnées, cette eau ne peut être que contaminée, toujours malsaine et souvent extrêmement dangereuse. Mais l'adduction des eaux du Han coûterait près de 9 millions, et, jusqu'ici, le trésor coréen n'a pas joui de disponibilités aussi fortes.

Il n'y a pas lieu de ne plus attendre cette amélioration si urgente avant le jour des calendes grecques. Le lecteur a pu se convaincre que la Corée se transforme rapidement, et que, si les indigènes ne se sont pas faits, aussi complètement que les Japonais, les écoliers et les imi tateurs des Blancs, s'ils ont gardé leurs costumes, leurs mœurs et leur législation, tout ce qu'ils sentaient ne pouvoir perdre sans renoncer du même coup à la vie, ils ont adopté tout ce qui n'était pas inassimilable dans nos inventions, pour rendre l'existence plus aisée, plus agréable. Ils ont compris qu'ils mouraient de misère sur un matelas bourré de billets de banques, qu'ils ne savaient pas en faire sortir. Ils nous regardent les extraire, et peu à peu ils auront assimilé nos procédés et nos méthodes pour tirer de la nature extérieure la plus grande somme possible de services et de jouissances.

Commerce général.

Depuis 1898, le commerce général n'a pas cessé de se développer. En 1900, les statistiques officielles ont constaté qu'il a atteint 102,107,569 fr. L'année suivante, il dépassait ce chiffre de 16,260,005 francs et atteignait 118,367,620 fr.

Les résultats encore inconnus, des exercices 1902 et 1903 sont certainement supérieurs, et rien n'annonce que le mouvement, auquel est due cette renaissance d'un pays qui pouvait sembler atteint de paralysie générale, tende à se ralentir ou à s'arrêter.

Les importations l'emportent de beaucoup sur

les exportations. Mais ce fait est normal et n'implique aucune conséquence fâcheuse, au contraire, puisqu'il est la preuve que la Corée se procure au dehors les moyens de mener une vie nouvelle et de développer des puissances qu'elle ne savait pas être en sa possession.

Les importations ont dépassé les exportations en effet, de près de 14 millions, exactement de 13,702,774 fr. 80, soit de plus du neuvième de la valeur totale des échanges avec l'étranger. Mais la Corée n'a fait que gagner à cette perte apparente, car elle représente l'acquisition d'un matériel de chemin de fer, d'exploitations minières et industrielles, qui rendront plus tard, et bien des fois doublée, la mise de fonds qu'ils ont nécessitée.

Commerce du Japon avec la Corée.

La plus large part de ce commerce échoit au Japon, dont la population entreprenante a su parfaitement tirer parti de l'avance que l'histoire antérieure et le voisinage immédiat lui donnaient sur ses concurrents.

Ici, je me contente de transcrire le passage du rapport consulaire établi par M. Berteaux, interprète-chancelier de la Légation de France à

Séoul, pour l'année 1901, publié le 12 février 1903 :

Le chiffre des exportations du Japon, dit-il, se décompose comme suit entre les différents ports.

De Yokohama, 370,793 yens (à 2 fr. 60 l'un);
De Kobé, 515,578;
D'Osaka, 8,718,067;
De Nagasaki, 398,695;
D'autres ports, 1,369,415.

Celui des importations que le Japon reçoit de Corée, se répartit de la manière suivante :

A Yokohama, 44,509;
A Kobé, 1,248,450;
A Osaka, 5,501,753;
A Nagasaki, 370,225;
Dans les autres ports, 2,887,499.

Il résulte de ces chiffres que le port dont le commerce est de beaucoup le plus élevé est Osaka, qui est précisément le point de transit des marchandises étrangères, port marchand.

D'ailleurs, sur le total des exportations du Japon en Corée (11,372,500 yens), 961,987 yens représentent des articles étrangers.

Les produits indigènes que le Japon exporte en Corée sont :

		Valeur en yens.
Le thé vert (pan fire). . . .	190 livres	24
— (basket fire) . .	18.170 —	7.022
Le thé noir	313 —	102
— bancho.	11.479 —	1.292

Ce qui fait un total de 30,152 livres ou 8,470 yens pour les thés.

		Valeur en yens.
Le riz indigène, avec. . . .	22.073 piculs	22.422
Le sel.	15.551.521 livres	110.807
Les algues	199.830 —	10.484
La bière.	23.010 douzaines	57.000
Les oranges.	609.622 livres	24.820
Le saké.	652.633 sho	217.658
Le soya.	124.655 —	19.168
Les légumes et fruits		11,036
Le vermicelle	207.475 livres	13.733
Les autres comestibles		81.719
Les boutons.		3.581
Chemises de coton.	22.510 douzaines	97.444
Chemises de dessous et caleçons.	3.488 —	20.517
Gants.	4.458 —	6.028
Chapeaux et bonnets . . .	847 —	5.923
Souliers et bottines	96.829 paires	159.849
Bas et chaussettes	29.094 douzaines	38.646
Autres vêtements et accessoires		324.047
Le ginseng	4.276 livres	8.488
Soda (cristal)	33.911 —	1.002
Eventails	58.948 —.	1.721
Ecrans	8.302 —	233
Ameublement.		43.293

		Valeur en yens.
Miroirs.		50.223
Verrerie et glaces à vitres.		14.592
Juirikisha.	288 unités	9.847
Objets laqués.		16.108
Lampes.		18.506
Objets en cuir.		133.587
Allumettes	692.162 grosses	215.062
Porcelaines et faïences		218.581
Machines d'imprimerie		25.117
Savons de toilette.	62.465 douzaines	19.993
Papeterie.		8.522
Parasols ou parapluies	16.282 unités	4.203
Parasols de forme euro- péenne	71.714 —	57.526
1 steamer.		35.000
Objets en bois.		85.332
Objets non dénommés.		712.902

Le total des objets d'origine japonaise exportés par le Japon en Corée atteint ainsi le chiffre de 10,410,563 yens.

Celui des produits étrangers que le Japon introduit en Corée est de 961,987 yens ainsi répartis :

		Valeur en yens.
Appareils électriques		3.649
Instruments de chirurgie.		1.060
— de photographie.		9.144
Machines à coudre		9.142
Montres.	80 unités	716
Beurre	794 livres	535
Lait condensé.	1.293 douzaines	4.437
Farine	198.078 livres	11.424

		Valeur en yens.
Produits chimiques et pharmaceutiques. . . .		30.516
Couleurs d'aniline.	82.225 livres	86.365
Verres à vitre, par 100 pieds carrés.	2.207 carrés	19.335
Riz.	3.376 piculs	17.576
Blé.	34.040 livres	1.036
Fer en barres et en plaques	829.851 livres	57.837
Fer en barres rails	580.530 —	45.964
— feuilles galvanisées.	298.842 —	41.090
Fer en barres clous	546.217 —	46.592
Nickel.	18.509 —	18.552
Pétrole	121.100 gallons	33.733
Sucre raffiné. A.	1.023 piculs	10.943
— B.	367 —	3.828
Coton brut égrené.	2.165 —	58.026
Mousseline de laine :		
Unie	350 pied carré	81
Teinte.	7.323 —	2.132
Draps de laine	88.234 —	194.097
Cigarettes.	1.421 mille	4.726

Nous avons dit que les importations de la Corée au Japon atteignaient la somme de 10,052,438 yens. Les principaux articles qui contribuent à la formation de ce total sont :

		Valeur en yens.
Les comestibles secs . . .	2.475.406 mille	104.545
Sekikasai.	621.863 —	36.764
Autres comestibles		13.529
Noix de galle.	40.563 mille	7.676
Fèves.	874.805 piculs	2.515.887
Riz.	1.456.661 —	6 009.641

		Valeur en yens.
Blé.	1.644.577 livres	43.875
Autres grains.		39.827
Os.	108.439 livres	4.390
Peaux de bœufs	2.203.475 —	537.732
Monnaies autres que l'or et l'argent		120.735
Métaux divers.		69.908
Coton en graines	998 piculs	4.649
Cocons.	136 livres	109
Soie grège	248 —	840
Bétail sur pied	1.730 unités	22.156
Funori (sorte d'amidon fait avec des algues).	1.372.232 livres	78.443
Lard, suif et graisse	214.120 —	19.905
Engrais :		
Noir animal.	2.108.470 livres	40.194
Sardines sèches.	7.516.014 —	238.909
Tourteaux	5.275 piculs	9.108
Autres		43.656
Bois, poutres et planches		21.091

Un certain nombre de produits japonais sont d'ailleurs réexportés au Japon. On peut citer ainsi : les monnaies (autres que l'or et l'argent) valant 1,025 yens, les articles divers valent 16,945 yens.

Au total, le Japon fait donc avec la Corée un commerce de 21,424,988 yens ou 52,562,470 fr. qui représente bien près de la moitié du total des échanges opérés par le *Matin calme* avec les étrangers.

Cette éclatante supériorité ne se dément pas dans la statistique de la navigation. Sur

4,972 navires dont la Douane a enregistré les opérations en Corée pendant l'année 1901, le pavillon japonais en couvrait 3,238, et sur une jauge globale de 985,309 tonnes, 807,190 doivent être attribuées au Japon.

Ses compagnies *Nippon Yusen Kwaïsha, Osaka Chosen Kwaïsha, Hori Steamship C°*, ne laissent que de maigres glanes à la concurrence coréenne de la *Corean Coasting Steam Navigation C°*, qui n'a que deux bateaux caboteurs, et russe de la *Chinese Eastern Railway C°*.

La population d'origine japonaise est également incomparablement plus nombreuse que n'importe quel autre groupe d'émigrés étrangers en Corée.

On a compté, en 1901, à :

Fousan	6,000	Japonais;
Hpyeng Yang	170	—
Han san	486	—
Mosamhpo	251	—
Mokpo	896	—
Séoul	2,366	—
Syeng tzin	51	—
Tchemoulpo	4,432	—
Tchinampo	396	—
Gensan	482	—

C'est un total avéré de 170,537 Japonais, auquel il faut ajouter un nombre au moins double d'allants et de venants, qui ne font que passer, mais qui reviennent souvent.

La progression de leur invasion ne fait que croître. En janvier 1902, les Japonais étaient 17,708, 18,161 en février et 18,358 en mars 1902.

Les données manquent pour évaluer leur nombre actuel, mais il y a bien des raisons d'admettre, *a priori*, qu'il n'a fait qu'augmenter.

Les autres communautés étrangères sont beaucoup plus faibles : 5,000 Chinois, 275 Américains; 140 Anglais; 95 Français; 45 Allemands; 20 Russes; et une trentaine d'Italiens, Portugais, Norwégiens, Grecs, Autrichiens et 1 Danois.

Le budget coréen, équilibré pour 1901, par 9,079,456 yens de recettes, contre 9,078,682 yens de dépenses, avec un excédent de 774 yens (environ 2,000 francs), a été ramené par des évaluations moins optimistes et plus prudentes, à 7,586,530 yens de recettes, et 7,585,877 yens de dépenses, avec un excédent de 653 yens (1,500 fr. en chiffres ronds).

L'Administration a restreint ses dépenses. Décidément, la Corée ne nous ménage pas les étonnements. Elle a déjà un métropolitain pratique; elle aura peut-être un réseau complet et une gare centrale à Séoul avant Paris, et elle a la prudence de ne pas majorer arbitrairement ses recettes pour s'offrir le faste dangereux d'inutiles dépenses !

Malheureusement, sa situation monétaire est mauvaise. L'adoption de l'étalon d'or au Japon a eu chez elle une répercussion fâcheuse, et le malencontreux essai d'une monnaie divisionnaire en nickel a jeté une perturbation gênante dans les transactions.

Néanmoins, le pays, dans son ensemble, est en train de se régénérer, et il le doit incontestablement aux efforts soutenus des Japonais, depuis six ans, pour justifier leurs prétentions d'avoir en Corée une situation exceptionnelle et prépondérante.

La Nippon Yusen Kwaisha.

L'hégémonie économique ainsi conquise par les Enfants du « Soleil Levant » est la récompense d'une politique suivie fidèlement depuis 1877 et conçue le lendemain, sinon la veille, de la révolution dite de Meidji, qui, de décembre 1867 à mars 1868, mit fin à l'exercice conjoint du pouvoir par le shogoun et le mikado, supprima le titre et les fonctions du shogoun, créa le mikado empereur, abolit le régime féodal, et, graduellemént, transforma le Japon en une copie vaille que vaille d'Etat blanc.

La conquête de la péninsule coréenne est, en

effet, la forme japonaise de l'*irrédentisme*. Habilement évoquée à l'arrière-plan, par les meneurs du soulèvement anti-shogounal, elle leur amena des partisans et neutralisa des adversaires... Mais, promettre et tenir sont deux... en Extrême-Orient, comme en Occident... La poire n'était pas mûre, ni à la portée de ses convoiteurs. Elle resta sur l'arbre, et une réaction terrible contre le nouveau régime, si décevant, éclata en 1877, dans l'île de Kiou-chiou, à la voix du grand maréchal Saïgo Takamori, qui fit prendre les armes aux trois grands clans de Hiouga, Odzoumi et Satsouma.

La nécessité absolue, urgente, arma le gouvernement impérial des moyens de réaliser, à la fois militairement et commercialement, l'idéal des révoltés.

En 1866, un samouraï du daïmio de Toza (île Chi-ko-kou), nommé Iwasaki, avait acheté à son suzerain six vapeurs et fondé une compagnie de cabotage, dite *Mitsoubishi (les Trois-Diamants* ou *le Trèfle d'eau)*, à laquelle l'esprit anti-étranger de la population japonaise assura de suite une clientèle. Cette petite flotte servit, en 1873, pour l'expédition que firent, à Formose, Saïgo et les Samouraïs des clans du sud de Kiou-chiou, et pour son rapatriement.

Le cabinet mikadonal, entre temps, avait acheté, pour les services divers militaires, maritimes et postaux, plusieurs vapeurs... C'est à l'un d'eux qu'arriva le malheur de prendre le mors aux dents..., si j'ose employer cette métaphore au moins deux fois incohérentes, et de filer droit devant lui tant que sa chaudière fournit de la vapeur à ses cylindres, parce que l'indigène auquel on avait confié la machine savait bien ouvrir les robinets, mais ne savait ni les régler ni les fermer!

Les ministres eurent la sagesse de ne pas s'obstiner et de ne pas vouloir devancer le temps. Ils cédèrent à M. Iwasaki toute leur flotte, lui avancèrent l'argent nécessaire pour acheter à la compagnie *Pacific Mail Steamship* le service postal de Yokohama à Changhaï, et même les navires que cette compagnie employait à l'assurer.

De sorte que *Mitsoubishi* se trouvait, en 1876, posséder une flotte de 6 voiliers, 2 vapeurs jaugeant moins de 200 tonnes, 14 vapeurs au-dessous de 500 tonnes, 8 au-dessous de 1,000, et 13 jaugeant plus de 1,000 tonnes; au total, 42 unités de transport.

Cette prévoyance fut récompensée. Le gouvernement impérial put, en effet, mobiliser immédiatement, contre les révoltés de Satsouma, en louant la flotte entière de *Mitsoubishi*. Ils lui avancèrent ensuite de l'argent sans intérêts, pour qu'elle pût acheter de nouvelles unités, les affrétèrent et lui versèrent une subvention destinée à compenser les « manque-à-gagner » imposés par les circonstances.

Mais quand la guerre fut terminée, le gouvernement, qui s'était convaincu de la nécessité d'avoir une flotte, propre, à la fois, au service de transports et de croiseurs auxiliaires, encouragea l'organisation d'une nouvelle compagnie, dite *Kyodo Unyo Kwaïsha* (Compagnie anonyme de Transports), qui, naturellement, entra en compétition ardente avec *Mitsoubishi*, en proie à une crise pénible malgré les subventions reçues, et réduite à végéter (1882).

Pendant trois ans, les deux sociétés se firent, réciproquement, beaucoup de mal, sans avantage appréciable pour la communauté, à tel point que le ministère, pour les sauver toutes deux de la ruine et éteindre de nouveaux brandons de discorde, les amena à fusionner.

Mais *Mitsoubishi*, malgré le délabrement de sa flotte, fut avantagé en raison du nombre de ses unités. Sur 1,000 actions de la société nouvelle, elle en reçut 700 et *Kyodo Unyo* 300. En outre, le gouvernement garantit un dividende annuel de 8 o/o. Ce fut l'acte de naissance de la *Nippon Yusen Kwaïsha* (*Yu*-poste, *sen*-vaisseau; *Nippon*-Japon; *Kwaïsha*, compagnie) (1885).

A la fin de l'année, cette compagnie réclama au ministère une somme de 888,000 yens (à

4 fr. 20 le yen) représentant le paiement, à raison de 8 o/o de son dividende annuel. Le gouvernement refusa, prétendant ne s'être engagé qu'à fournir, en cas de besoin, les sommes nécessaires pour porter à 8 o/o le dividende. La compagnie soutint que la promesse de l'Etat avait été formelle et indépendante de toute considération latérale. Si bien que la subvention de 880,000 yens (3,696,000 fr.) lui fut accordée.

Depuis, des accords l'abaissèrent à 600,000 yens, et, en 1893, à 500,000 (1,610,000 francs en comptant le *yen* pour 3 fr. 22).

Vint la guerre contre la Chine en 1894. On sait que le gouvernement impérial nolisa toute la flotte de la compagnie dès le mois de juillet de 1894, lui avança tout l'argent nécessaire pour la doubler, en affrétant au fur et à mesure tous les bateaux qu'elle achetait, si bien qu'au mois d'avril 1895, au moment où il ne restait plus pour achever la Chine qu'à partir de Taï lien ouan et de Port-Arthur, l'armée avait à sa disposition 93 grands transports, tous fournis par le *Nippon Yusen Kwaïsha*, qui contribua puissamment au succès prodigieux des maréchaux Yamagata, Nodzou et Oyama, en Corée, dans le Chin King, le Liao Tong et le Chan Tong.

La guerre terminée, un arrangement intervint entre le gouvernement et la compagnie, à laquelle était dû plus du tiers des indemnités de

950 millions payées par la Chine. Elle traversa, néanmoins, quelques crises; une année, entre autres, elle ne put distribuer aucun dividende. Néanmoins, sa croissance continuait.

Nous trouvons, en effet, dans un rapport de M. Dubail, ministre de France qui a suppléé M. Harmand à Tokio, que si, en 1896, le Japon ne possédait qu'un vapeur jaugeant plus de 5,000 tonnes, *Ryojoun Marou*, en 1901, il en comptait 21, et tous, naturellement, dans la flotte de la *Nippon Yusen Kwaïsha*.

Depuis, en trois ans, les progrès de celle-ci ont été surprenants. Profitant des lois votées pour encourager la navigation et la construction de navires, elle porta son capital social à 22 millions de yens (soit 56 millions de francs) et sa flotte à 77 navires dont 15, jaugeant plus de 6,000 tonnes, font, depuis 1897, un service régulier entre Yokohama et l'Europe, en concurrence avec les lignes anglaise, allemande, autrichienne et française, et entre Yokohama et l'Amérique, en concurrence avec les sociétés anglaise, américaine et allemande.

Quand a éclaté la Jacquerie des Boxeurs, elle a de nouveau rendu au gouvernement japonais le service de l'équiper bon premier. Dès le 14 mai 1900, elle lui louait 23 vapeurs, jaugeant 65,000 tonnes, avec lesquels il transportait à Takou, fin juin, toute la division de Hiro-chima (général Yamagouchi), qui arriva juste à temps le 26 juin, à Tien tsin, serré de fort près par les Boxeurs et par les réguliers de Mâ et de Nieh hsou tcheng, qui venaient de reconduire la colonne Seymour.

La convention de 1885 vint à expiration le 30 septembre 1900. A ce moment, la *Nippon Yusen Kwaïsha* touchait 4 *yens* 50 par tonne pour chaque affrété dépassant 1,500 tonnes, 5 *yens* 40 par chaque vaisseau cubé au-dessous de 800 tonnes, et elle avait loué tous ses paquebots des lignes du nord de la Chine, 3 des lignes côtières du Japon, 2 de la ligne de Yokohama à Bombay, et quelques-uns de la ligne d'Europe. Pour ne pas perdre ses clients, elle avait affrété des bateaux en remplacement de ceux que le ministère avait nolisés. Mais, comme il lui fallait payer un loyer de 5 à 6 *yens* par tonne, supérieur à la subvention reçue, elle avait demandé et obtenu le droit de porter le taux du fret de 4 *yens* 50 à 5 *yens* 40.

En même temps, elle négociait une nouvelle convention et une augmentation du subside qu'elle touchait. La Diète japonaise l'a votée pendant la session de mai 1900, et le département des communications a donné à la compagnie des instructions valables pour cinq ans, du 1er octobre 1900 au 30 septembre de la trente-huitième année de Meidji (1905).

Elle a reçu une subvention annuelle de 550,000 yens, pour les services de Changhaï, de la Chine septentrionale, de Vladivostock; un autre de 25,000 yens pour la ligne de Kobé, en Corée; et une troisième de 127,000 yens lui sera payée par le gouvernement de Hokkaïdo (île Yézo) dont elle assurera les services postaux.

L'impulsion donnée au commerce entre le Japon et la Corée par cette seule compagnie a été telle que deux concurrences se sont élevées pour lui disputer ce monopole : la *Osaka chosen Kwaïsha* et la *Nippon chosen Kwaïsha*. On a vu, dans un chapitre précédent, que le commerce extérieur, en Corée, s'était élevé, en 1900, à 72,528,575 francs, soit au double de son total pendant l'année 1896.

Cette prospérité est, certainement, aussi bien l'œuvre de l'activité japonaise que la découverte de ce marché est due à l'acquisivité du même peuple. Mais il se rend compte que, peut-être, il aura battu les buissons pour qu'un autre oiseleur prenne les oisillons!

Le journal *Djimmin* imprimait, en effet, au mois de mai 1899 :

Nous regardons la péninsule coréenne comme notre sphère d'influence par excellence. Nous y avons, en effet, les droits les plus réels, et nos intérêts matériels et politiques y sont énormes. Nous n'avons à redouter, sur ce terrain-là, que la Russie, car elle seule pourrait sérieusement nous contester notre influence. Or, que devons-nous demander? Depuis que le cabinet de Saint-Pétersbourg nous a laissé le champ libre à Séoul, nous ne pouvons désirer qu'une chose : c'est que la présente situation se prolonge indéfiniment. Toute notre politique consistera donc à maintenir le statu quo.....

... Tant que la Russie n'aura pas terminé sa formidable installation en Mandchourie, elle ne fera rien en Corée.

Mais le Transsibérien est terminé. La Mandchourie est occupée, et solidement, par les Russes. L'armée japonaise, qui, jusqu'à preuve du contraire, peut être regardée comme étroitement dépendante de la flotte qui la ravitaillerait en vivres, du Japon, n'est pas de taille à recommencer les marches de Charles XII ou de Napoléon Ier, et à courir les risques d'une retraite de Russie... L'Angleterre est réduite à des intrigues de mandarins, parce que les vaillants Boers ont épuisé ses forces militaires et fiscales; parce qu'elle hésite entre sa politique traditionnelle et l'impérialisme agressif, fondé sur des tarifs protectionnistes.

Les amis de la paix souhaitaient que le Japon, au lieu d'entamer un duel qui lui serait fatal, se contentât des profits qu'il peut tirer de l'exploitation économique de la Corée, où il est avantagé à la fois par l'avance qu'il a prise sur ces rivaux, par la proximité et par la spécialisation de sa marine marchande. Les Japonais avaient des intérêts économiques considérables à Hawaï, en 1896. Ils n'ont pourtant pas pensé que leur défense valût la carcasse d'un coolie, quand l'archipel fut annexé aux Etats-Unis de l'Amérique du Nord...

Malheureusement, d'impérieuses nécessités les contraignent à courir les suprêmes dangers et à faire les suprêmes efforts pour conquérir la Corée, dans laquelle ils voient un complément aussi indispensable à leur pays que l'Afrique du Nord l'est à la France.

CHAPITRE V

L'Émigration Japonaise en Corée.

Les journaux anglais annonçaient, le 28 décembre 1901, que lord Hopetown, gouverneur général de l'Australie, a été prié par M. Chamberlain, secrétaire d'Etat du Colonial Office, de faire tout le possible pour amener le Parlement Fédéral Australien à adoucir la sévérité d'un projet de loi soumis à ses délibérations et qui a pour objet d'empêcher l'émigration en Australie des étrangers « non désirables », euphémisme qui englobe tous les Asiatiques et vise surtout les Japonais.

M. Chamberlain aurait, en outre, suggéré que le vote définitif de ce nouveau règlement causerait certainement un refroidissement entre l'Angleterre et le Japon... Quelques semaines plus tard, la signature de la convention Anglo-Japonaise expliquait suffisamment la subite sollicitude de M. Chamberlain.

Ce bruyant rapprochement avec le Japon n'étonne d'ailleurs aucun de ceux qui suivent attentivement les affaires engagées depuis deux ans en Corée, en Mandchourie et en Chine. Après avoir été pro-chinoise, au point que sir Charles Dilke a écrit dans son livre *Great Britain*, en parlant du Céleste Empire : *His strength is our strength (sa force est notre force)*, avant 1894, tant qu'il semblait capable de « maintenir l'équilibre en Asie orientale », c'est-à-dire de barrer les routes de l'Inde et du Pacifique à la Russie, l'Angleterre est devenue pro-japonaise après le traité de Chimonosaki. Elle ne déroge pas à la constante tradition de sa diplomatie, qui a toujours excellé à se ranger du côté du vainqueur, — après avoir, à l'occasion, contrecarré sa victoire — et à faire tirer du feu par autrui les marrons qu'elle veut manger.

Mais si amusante que soit cette palinodie, si pittoresque que paraisse la nouvelle alliance, pour ceux qui ont vu manœuvrer l'escadre anglaise et l'amiral Freemantle pendant la guerre sino-japonaise, elle ne suffirait pas à donner à l'information précitée sa véritable importance.

Elle est dans l'espèce même à laquelle a cru devoir s'intéresser le chef du Colonial Office, dans l'émigration japonaise, un des essentiels problèmes économiques soumis au monde par la question d'Extrême-Orient, toute politique à part.

L'enchaînement de certains phénomènes naturels paraît condamner le Japon à ne pouvoir jamais réaliser le rapport entre la puissance productive d'une contrée et la crue de sa population, rapport dont l'économiste Malthus a si fortement démontré la nécessité inéluctable.

L'empire, entièrement océanique, s'étend sur un archipel de 487 îles, mesurant 417,381 kilomètres carrés ou 41,738,155 hectares. De cette surface, 2,794,339 hectares sont cultivés en rizières; 1,791,734 en blé, orge et seigle; 1,649,224 en pois, haricots, millet, sarrasin, colza, pommes de terre, patates, coton, chanvre, tabac, indigo; 3,050,491 hectares en mûriers, et 58,863 en thé.

Au total donc, 9,343,951 hectares sont affectés à l'alimentation et aux besoins presque similaires de la population, qui utilise ainsi une proportion supérieure au quart et inférieure au cinquième du sol sur lequel elle vit.

Mais les forêts couvrent 13,334,627 hectares; les montagnes, les pelouses, les étangs, lacs, marais, lits de cours d'eau, tourbières, broussailles et centres habités, se partagent le reste, 19 millions 059,577 hectares.

Il est bien difficile d'entamer cette réserve

pour augmenter le lot des sillons nourriciers. En six ans celui-ci a relativement peu varié. Le *Résumé statistique de l'Empire du Japon*, recueil officiel auquel sont empruntés tous les chiffres de cette étude, constatait, en 1895, que, en 1893, 2,700,000 hectares étaient en rizières et 2,280,000 en céréales et autres cultures alimentaires. En 1898 (résultats publiés en 1900), il faisait ressortir un défrichement de 94,339 hectares pour des rizières et de 1,210,985 pour les céréales et les cultures légumineuses.

Or, pendant ce même laps de temps, la population, qui était en 1894, de 41,813,215 habitants, augmentait de 394,005 pendant l'année 1895, de 369,356 pendant l'année 1896, de 458,288 en 1897, et le recensement quinquennal de 1898, le dernier connu à l'heure actuelle, constatait une nouvelle crue de 475,185 qui portait la population de l'Empire du Soleil Levant à 43,760,754.

La densité spécifique est donc, globalement, très proche de 105 au kilomètre carré. Mais si nous cherchons le rapport pratique entre le peuple et sa terre, dans la direction indiquée par Malthus, nous trouvons que ces 43,760,754 bouches sont réparties à raison d'un peu plus de 4 par hectare (4,673, et, en forçant, 4,674).

Pour fixer les idées rappelons qu'en France

les recensements quinquennaux ont accusé les accroissements de population suivants :

En 1881, 766,260; en 1886, 545,855; de 1886 à 1896, 299,072; en 1901, 444,613. Soit une crue annuelle de 88,922,6, juste cinq fois moindre que celle du Japon.

On sait, en outre, qu'en France, l'espace minimum de terre arable nécessaire à la subsistance de nos ménages de petits propriétaires ruraux, si industrieux et si âprement économes, a été évalué à plus de deux hectares, c'est-à-dire à plus du double du lot d'une famille japonaise actuellement.

On objectera que celle-ci, grâce à l'emploi invariable de l'engrais humain et à la bénignité du climat, réussit à tirer du même sol deux et parfois trois récoltes par an, en semant de la moutarde à l'automne, après la moisson du riz; de l'orge, au printemps, après la cueillette de la moutarde, et des pois, haricots, patates, pommes de terre, etc., etc., après l'orge. Mais cette méthode n'est applicable que dans le Tokkaïdo, bande bordière de l'île Nippon sur le Pacifique, entre Yokohama et l'île Aouadji, et dans les anciens fonds lacustres ou marins émergés, que Nippon, Chi-ko-kou et Kiou-Chiou étalent des montagnes jusqu'aux flots de la mer Intérieure (*Suwo Nada*), poissonneuse comme un vivier inépuisable.

* *
*

Tant que la sursaturation ne s'est pas produite, la population nippone a afflué dans ce « pays de Cocagne ». L'essor de l'industrie et du commerce, tant intérieur qu'international, ajoutait un supplément aux ressources prodiguées là par la nature. Mais le trop plein s'est produit, et le reflux a gagné l'intérieur des îles, d'un mouvement dont la lenteur ou l'accélération est proportionnel à l'appoint fourni par le sous-sol à la fécondité du sol superficiel.

Dans Nippon central, l'accroissement qui, de 1883 à 1888 avait été de 78,76 par 1,000 habitants, est descendu à 45,46 de 1888 à 1893 et n'est remonté qu'à 51,64 de 1893 à 1898.

Dans Nippon septentrional, fort délaissé aux temps féodaux pour des motifs politiques non moins que pour la rigueur relative de son climat et l'âpreté de son sol, la crue, pendant les trois périodes quinquennales précitées, a été de 91,64 0/00, puis de 54,20, puis de 51,63.

Dans Nippon occidental, où se trouve l'ancienne principauté de Nagato, centre du puissant clan Chochiou, l'accroissement de 45,01 de 1883 à 1888, est descendu à 30,56 pendant la période suivante, et à 48,14 pendant celle qui vient de finir.

Pour l'ensemble de cette île, la plus grande et

la plus riche division de l'empire, la période du plus actif peuplement s'étend de 1883 à 1888, avec une augmentation moyenne de 70,91 o/oo. C'est le moment où le gouvernement mikadonal, affermi par la répression de la révolte de Satsouma, adoptait fiévreusement nos institutions politiques, économiques et militaires. Mais le mirage des vastes espérances s'évanouit, et la crue descendit à 42,80. Il a fallu « l'ère des milliards » ouverte par l'écrasement de la Chine et le paiement de l'indemnité de guerre de 950 millions, et tous les travaux de génie militaire et maritime et de grande voierie dans cette région, pour faire remonter la crue à 50,60 par 1,000 habitants.

Dans Chi-ko-kou (Sikok de nos cartes), l'augmentation, de 51,44 est tombée à 27,74, pour remonter à 36,65. Le clan de Tosa, apiculteur et pêcheur principalement, s'est vite ressaisi après un bref emballement.

Dans Kiou-Chiou, la population a augmenté de 63,87 o/oo jusqu'en 1888; puis de 45,19 jusqu'en 1893. Mais, depuis, le développement imprimé à ses exploitations minières, surtout aux puits de houille, par les besoins de la marine nationale et des diverses escadres étrangères que la politique maintient en perpétuelle croisière dans les mers du nord de la Chine, a tellement réagi sur la population que les statistiques de

1898 constatent une crue de 67,34 0/00, plus forte que celle qui a suivi la pacification des provinces méridionales de Satsouma, Hiouga et Odzoumi.

Un aperçu de l'émigration japonaise dans l'île de Yéso, seule colonie qu'ait possédée l'empire jusqu'à l'annexion, en 1895, de Formose et des Pescadores, achève de mettre en évidence le malaise, l'étouffement de la masse humaine condamnée à pulluler dans un habitat de jour en jour plus étroit. Son exode est ininterrompu et uniformément accéléré vers cet espace de 77,072 kilomètres carrés où vivaient seulement 18,000 Aïnos. De 1885 à 1888, l'immigration représente 385,95 pour 1,000 habitants; 487,79, de 1888 à 1893, et 609,50 de 1893 à 1898.

Mais le climat diffère trop de celui des bords du Suwonada, et Nippon est si près, que la tentation d'y retourner enlève, bon an mal an, à Yéso, le cinquième de ceux qui étaient venus y chercher une vie plus douce, et que la communauté nippone y meut à l'aise ses 605,742 membres, à raison de 8 humains de sa race par kilomètre carré.

Ailleurs, la place est déjà prise. Les 29 îles groupées sous le nom de Formose abritent sur leurs 34,752 kilomètres carrés, 2,729,503 Chinois, un peu plus de 78 à l'unité. Sur les 47 îlots des Pescadores, on compte, pour 221 kilomètres carrés, 51,719 Chinois avec une densité spécifique de 234.

Aussi, les recensements exécutés depuis 1896, date de la création des registres d'inscription, ont relevé à Formose 16,321 Japonais, dont 12,662 hommes et 3,659 femmes; aux Pescadores, 489 hommes et 197 femmes. Le seul aspect de ces chiffres prouve que les enfants du « Soleil Levant » n'ont pas fondé beaucoup de foyers dans leur nouvelle colonie.

* * *

Le Japon ne réussit donc pas à déverser son trop plein chez lui, où les besoins fiscaux engendrés par sa politique nécessitent le concours du plus grand nombre possible de contribuables. Ses terrains d'épandage assimilent mal ou sont imperméables. Et, comme la faim chasse le loup du bois, les émigrants se dirigent vers des terres où ils sont perdus pour la métropole.

En vain, celle-ci essaie de réduire au minimum cette inévitable saignée par des règlements draconiens, qui éloignent les étrangers engagistes de coolies, et par l'obligation imposée à ses nationaux de payer cher un passeport de durée spécifiée, sous la sanction de pénalités pécuniaires et afflictives. On ne maîtrise pas plus l'ensemble des faits qui déterminent un homme à émigrer, qu'on ne saisit une image dans un miroir. Et, malgré toùt, des myriades de Japonais partent annuellement du Japon pour aller chercher fortune ailleurs.

Ces deux faits ont pesé lourdement, pèsent encore et pèseront longtemps sur la politique étrangère du Japon. C'est pour les concilier qu'a été entreprise la guerre de 1894-1895, dont le but réel était la conquête de la Corée et c'est pour le même motif que le Japon a entrepris la guerre actuelle contre la Russie.

C'est là, dans le « Royaume Ermite » qu'afflue le plus fort courant de l'émigration japonaise. Le recensement de 1898 constatait déjà que 15,304 Nippons y étaient fixés à demeure. Dans ce nombre figuraient 8,127 commerçants et 370 fonctionnaires, la plupart employés au service des postes et télégraphes. La possession de cet organe si important augmentait encore la force de l'étreinte des Japonais, déjà si tenaces, sur la navigation et le mouvement général des affaires en Corée. La vigilance de la Russie ne leur permit pas de pousser leurs avantages jusqu'où ils l'auraient voulu, sans quoi les Coréens auraient donné promptement un pendant aux Tasmaniens et aux Peaux-Rouges de l'Amérique du Nord.

* * *

Forcés de ne pas submerger le « Pays du Matin calme » et d'y laisser quelque place à ses indigènes, les Japonais se tournent vers les autres terres du Pacifique. Ils choisissent de préférence les domaines colonisés par les Anglo-Saxons, pour se former; d'abord, en les imitant, et ensuite parce que le hasard a voulu qu'ils fussent à la fois les moins éloignés, les moins différents du milieu climatérique nippon, qu'ils eussent le sol et le sous-sol le plus riche, que leur peuplement ne fut pas encore complet, et laissât, en apparence, des nids spacieux à combler.

Pendant qu'en Russie d'Europe et d'Asie, les statistiques officielles signalaient seulement 3,257 nippons, dont 217 commerçants et 2,984 individus exerçant divers métiers, l'Angleterre et les colonies anglaises donnaient l'hospitalité à 6,368, dont 335 commerçants et 5,895 domestiques, employés ou manœuvres; les Etats-Unis d'Amérique du nord à 43,707, dont 1,746 commerçants, 39 étudiants et 41,614 domestiques, employés ou manœuvres. Au total, le gouvernement mikadonal constatait, le 31 décembre 1898, que 70,801 de ses sujets résidaient hors de son territoire, alors qu'il en avait compté seulement 58,785 en 1897 et 54,342 l'année d'avant.

Il est nécessaire de spécifier que le Résumé statistique officiel, malgré l'évidence aveuglante du mouvement migrateur, ne lui consacre pas expressément un tableau ou un feuillet particulier. Après le dénombrement détaillé de ses nationaux résidant à l'étranger, il donne celui des passeports délivrés pour . l'étranger. Nous y lisons qu'en 1898, ont été délivrés :

Pour l'Angleterre, 1,217 passeports, dont 1,065 à des employés du gouvernement;

Pour la Chine, 2,929, dont 1,630 à des commerçants et 563 à des voyageurs;

Pour la Corée, 4,987, dont 1,792 à des commerçants, 1,592 à des domestiques ou employés, 1,149 à des gens de professions diverses, dit le document officiel;

Pour la Russie, 3,375, dont 294 à des commerçants et 2,556 à des coolies et domestiques;

Pour les Etats-Unis, 2,936, dont 325 à des étudiants, 805 à des commerçants, 135 à des cultivateurs et pêcheurs, 1,277 à des domestiques ou engagés divers;

Pour Vancouver (il y a un alinéa spécial), 1,493, dont 1,453 à des domestiques ou engagés;

Pour le Canada, 1,039, dont 192 à des commerçants et 773 à des domestiques ou engagés divers;

Pour Hawaï, 12,952, dont 479 à des commerçants, 183 à des cultivateurs et pêcheurs et 12,195 à des domestiques ou coolies;

Pour l'Australie, 1,128, dont 104 à des commerçants et 980 à des individus engagés au service d'autrui.

Au total, 33,297 Japonais avaient pris et payé un passe-port pour l'étranger, dont 28,618 hommes et 4,679 femmes. (Le gouvernement cherche, par tous les moyens, à enrayer l'émigration de ces dernières.) Si nous ajoutons ce total à celui des résidents fixés à l'étranger, nous trouvons que, officiellement, 104,000 Japonais, en 1898, vivaient en dehors de l'archipel du Soleil Levant, et que, sur ce nombre, 69,623, c'est-à-dire beaucoup plus de la moitié, avaient choisi les pays anglo-saxons.

Mais ceux-ci sont condamnés, par leur constitution sociale, à se rendre de moins en moins perméables à l'émigration asiatique, parce qu'elle apporte une perturbation profonde dans le régime des salaires ouvriers et domestiques. Et nous allons voir que l'élément japonais est encore plus dangereux que le chinois.

Et cela, M. Chamberlain, chef du Colonial Office, ne l'ignorait pas quand il est entré en pourparlers avec lord Hopetown; car ce n'est pas la première fois qu'il est saisi, ès qualité, des difficultés suscitées par l'arrivée de travailleurs japonais au milieu de la population ouvrière d'une colonie anglaise.

Au cours de l'année 1900, le gouvernement du Dominion of Canada lui avait transmis une adresse, dont il avait lui-même été saisi par le Parlement de l'Etat de la Colombie, et dont l'objet était d'étendre aux émigrants japonais les mesures restrictives en vigueur depuis quinze ans contre les Chinois.

Ceux-ci, après avoir travaillé au terrassement et à la pose de l'immense voie ferrée qui va de Halifax (sur l'Atlantique) à Vancouver (sur le Pacifique), au lieu de retourner chez eux, s'étaient fixés surtout dans le Canada occidental, entre Whinnipeg et Vancouver. Ils y avaient littéralement accaparé la blanchisserie encore aujourd'hui leur monopole, et supplanté presque partout les bonnes en se contentant d'un gage de 6 dollars (30 francs) par mois, et les cuisinières, en ne demandant que 12 dollars (60 francs). Depuis la découverte des richesses minières, une partie d'entre eux étaient revenus au métier de remueurs de terre et faisaient une concurrence très dure aux manœuvres blancs.

Ceux-ci ne peuvent, en effet, renoncer à gagner de gros gages dans ce pays presque vierge, où l'on voit encore, encastrés dans les trottoirs de bois des villes improvisées, les troncs formidables des « sequoia » de la forêt, qui chantaient sous les vents la veille encore, pour ainsi dire, à l'endroit où souffle dans sa corne le « wattmann » du tramway électrique. Le vivre et le couvert à l'européenne y coûtent fort cher. Un verre de bière, pris à n'importe quel bar, est payé 1 shilling (1 fr. 25); un coktail, 2 shillings (2 fr. 50); une bouteille de bière de table, le même prix; une bouteille de vin, 1 dollar ou 1 dollar et demi (5 fr. ou 7 fr. 50).

Aussi, un menuisier, un maçon exigent-ils couramment, et gagnent-ils de 5 à 6 dollars par jour (25 ou 30 fr.); un charpentier, de 6 à 8 (30 à 40 fr.); une bonne, un palefrenier, un valet de chambre, un cocher, 10 ou 15 dollars par mois; un cuisinier ou une cuisinière, de 20 à 25 (100 ou 125 fr.).

On conçoit avec quelle facilité les Chinois firent accepter des employeurs leurs services au rabais. Mais les blancs mirent en mouvement l'action publique dont ils disposaient par les élections. Ils obtinrent ainsi, en 1885, le vote d'un acte interdisant à tout navire d'amener au Canada plus de 1 Chinois par 50 tonnes de jauge, et imposant à tout immigrant de cette race le paiement d'un droit d'entrée de 50 dollars (250 fr.) En 1887, 1892, 1896 cette législation dut être amendée : les « Célestes » avaient tellement afflué, que tout un quartier de Vancouver, notamment, était occupé par eux.

De plus, depuis 1895, les Japonais avaient suivi leur sillage et augmenté l'acuité de la crise en supplantant à leur tour les Chinois par l'acceptation de salaires moitié moindres.

Après bien des tiraillements causés par l'opposition inattendue du premier ministre, sir Wilfrid Laurier, le Parlement canadien finit par voter, en mai 1900, une loi imposant à tous les émigrants asiatiques le paiement d'un droit d'entrée variant de 50 à 100 dollars.

Le gouvernement mikadonal se plaignit au cabinet de Saint-James. Mais le Canada n'a pas avec le Japon un traité de commerce qui puisse gêner. M. Chamberlain représenta à Tokio qu'il ne pouvait s'immiscer dans les affaires intérieures d'une colonie autonome, et eut la satisfaction d'informer le Gouvernement canadien, le 20 juillet 1900, que le Foreign Office avait reçu notification officielle d'un édit par lequel l'empereur du Japon venait d'interdire de délivrer à ses sujets plus de dix passeports par mois, à destination du Canada, et plus de cinq à destination des Etats-Unis. Mais le mal était fait; la plupart des immigrants nippons avaient trouvé moyen d'acquérir la naturalisation canadienne. Et la grève des pêcheurs de saumon de Steveston à l'embouchure du Fraser, dont ils ont provoqué l'échec en acceptant les offres des patrons des usines où l'on emboîte les poissons conservés, a mis en plein relief les raisons de l'antagonisme des blancs contre eux (juillet 1900).

* * *

Les Etats du « *Commonwealth* » australien ne sont donc pas les initiateurs du mouvement antiasiatique et antinippon dans les colonies anglaises du Pacifique, et s'ils suivent aujourd'hui l'impulsion donnée du Canada, c'est également ment sous l'aiguillon des nécessités du « struggle for life ».

L'Australie n'est pas uniquement ou principalement peuplée, comme tant de gens le croient à tort, de descendants des « *convicts* » (forçats déportés) de Botany-bay. La transportation de ce gibier de potence a cessé en 1840, et l'immense île, ne contenait alors que 30,000 déportés établis. Or, sa population actuelle dépasse 4,500,000; elle a conquis une quasi-autonomie, et est gouvernée par deux Chambres, élues au suffrage universel, et par un ministère spécial, ayant leur siège à Melbourne.

Elle a, pour interdire l'accès de son sol aux immigrants « peu désirables », nommément à tous les Asiatiques même aux sujets hindous de l'Angleterre, des raisons, que nous fait connaître M. Albert Métin, dans un livre récent :

*Le socialisme sans doctrine. Australie et Nou-
velle-Zélande.*

Il nous montre que les ouvriers australiens
groupés dans des syndicats pratiques, ne visant
que des réformes simples, immédiatement réali-
sables, et se servant, pour les conquérir, d'une
organisation politique habilement conçue, qui,
sans les ankiloser comme font les Trade's
Unions de leurs confrères anglais, leur permet
d'accepter la Société telle que le temps l'a faite,
avec le patronat et le salariat, mais aussi de
mener victorieusement une véritable « lutte de
classes », qui leur a conquis des conditions de
travail et d'existence favorables.

Presque partout, en effet, ils ont obtenu la
journée de huit heures, le bénéfice du dimanche
anglais, commençant le samedi à midi pour
finir le lundi matin, et des salaires quotidiens
de 10 francs et de 11 fr. 25 à Sydney et Melbourne, de 6 à 8 francs dans les campagnes. Les
employés de commerce, qui se sont solidarisés
avec eux, ont bénéficié de leurs succès. Ajoutons
que le bon marché de la vie australienne ne leur
prend que 34,4 o/o de leur argent, alors que leurs
confrères de France et d'Angleterre doivent consacrer à cet usage, respectivement, 44 et 42 o/o.

Les patrons australiens sont obligés de n'employer que les ouvriers les plus habiles et les
plus vigoureux, et d'adopter tous les perfection-

nements mécaniques capables de leur assurer une production intensive et des bénéfices. Les médiocres sont éliminés.

On comprend, sans qu'il soit nécessaire d'insister, que ces tape-dur qui ne s'embarrassent ni de sentimentalité ni de bagage doctrinal, fassent aux Japonais prêts à travailler pour le dixième de leurs salaires, un accueil qui rappelle celui que rencontre le meilleur ami de l'homme parmi les joueurs de quilles...

* * *

Restent aux sujets du Mikado, les îles Sandwich, où les planteurs de canne à sucre accueillent avec joie des coolies contents d'être payés seulement 5 dollars (25 fr.) par mois. Jusqu'à présent, rien ne les en écarte, pas même l'annexion aux Etats-Unis de l'archipel d'Hawaï, puisque le Congrès n'a pas encore étendu aux Japonais la prohibition absolue dont il a frappé les Asiatiques chinois. Mais cela pourra venir...

Il faut, en effet, rappeler que la main-d'œuvre japonaise est médiocre comme qualité et comme rendement. Qu'en outre, le caractère orgueilleux, susceptible, exigeant, des vainqueurs de la Chine, les incline trop facilement aux émeutes ou mutineries, aux actes violents et aux grèves. Nous avons eu à la Guadeloupe, en 1896, la preuve qu'ils sont « peu désirables ». Félicitons-nous que la politique ferme et prévoyante de M. Doumer ait préservé notre Indo-Chine de l'honneur de leur séjour.

L'émigration nippone dans les terres qui jalonnent ou bordent le Pacifique diffère donc profondément des incidents, parfois violents, que suscitent entre les Etats d'Europe ou d'Amérique les allées et venues de leurs nationaux.

Elle met en présence deux forces inégales, qui ne peuvent pas plus se combiner que cesser de se développer dans leur plan et selon leur propre équation : le monde anglo-saxon, condamné à se rendre de plus en plus imperméable au travail jaune, et le monde japonais voué plus fatalement encore que le Chinois, à déborder sur ses voisins.

Et elle nous donne le spectacle instructif de l'évolution du « péril jaune »... Il est redevenu militaire, parce que le gouvernement mikadonal, acculé à la nécessité d'employer les fusils, canons, cuirassés, torpilleurs payés par l'indemnité de guerre chinoise, est réduit à chercher, en Corée et en Mandchourie, un agrandissement absolument indispensable pour déverser le trop plein, sans cesse montant, de sa population, et une clientèle, non moins absolument nécessaire, aux besoins créés chez ses sujets par les exigences, également croissantes, de son fisc.

Mais il y rencontre la Russie, pressée, elle aussi par le besoin de loger, sans la perdre à jamais, une crue annuelle de plus d'un million et demi de paysans des Terres Noires, auxquels ni le Turkestan ni la Sibérie ne peuvent donner le coin de terre producteur du blé nécessaire à leur vie!

Et la Russie a pris des précautions qui rendront terriblement difficile à trancher la « question coréenne », que le Japon vient d'ouvrir en attaquant sans déclaration de guerre la flotte russe devant Port Arthur (8-9 février 1904.)

Nous nous contenterons de transcrire les deux instruments diplomatiques signés par la Russie et le Japon et la Convention russo-chinoise relative à la Mandchourie, laissant au lecteur le soin de conclure lui-même, d'après les pièces du débat, un jugement provisoire, sur un procès, dont on peut, sans parti pris de pessimisme, regretter la procédure et appréhender les développements ultérieurs.

CHAPITRE VII

Traités ou conventions signés
par la Russie et le Japon au sujet de la Corée.

Les clauses du traité de Chimonosaki n'ont
pas été publiées par les journaux français. On
a jugé qu'elles figuraient brillamment parmi les
informations ennuyeuses, de dimensions gê-
nantes, et auxquelles « personne ne comprend
rien ». Aussi chez nous, « personne » ou à peu
près, n'a compris sous quel spécieux prétexte,
les Japonais ont abrité leur intervention dans
le dialogue de la Chine et de la Russie au
sujet de la Mandchourie. On sait seulement, et
grosso modo, que la Russie a obtenu de la
Chine, à titre de location, pour 99 ans, en 1897,
la pointe, dite *Kouang Tong*, ou *Epée du Ré-
gent*, par laquelle finit la presqu'île du Liao
Tong, prolongement maritime de la vice-royauté

mandchourienne de Shin King, capitale Moukden.

Or, cette pointe d'épée, est emmanchée au
Liao Tong à l'endroit où la baie de Port Adams
baigne de ses derniers flots les murs de Chin-
chow-chang, et où viennent presque se mêler à
eux les dernières lames de la grande rade de
Taï-lien-ouan. L'écart, entre les deux eaux est
de 2 kilomètres et demi.

Elle forme donc une région isolable du reste
de la Mandchourie, puisque la nature elle-même
l'a constituée en une sorte de Péloponèse ou
de Crimée. Son importance est toute stratégique,
car le sol, rocheux et très accidenté, est mal
arrosé, coupé de profonds ravins, dont le moindre orage fait des torrents infranchissables, et
maigrement cultivé, par une population clair-
semée, dans les enselléments où les eaux sauvages ont accumulé le limon et le calcaire me-
nuisé par elles en dénudant les croupes mon-
tueuses. Mais elle s'allonge, droit comme un
estoc, de l'embouchure du Yalou jusqu'au détroit
qui relie le golfe du Pe-tchi-li à la baie de Corée
et à la Mer Jaune. Une chaîne d'îlots, les Liao-
ti-shan, la prolongent à travers ce détroit, et
le dernier, sur lequel est un phare, Miao Tao,
domine la passe qui relie Pékin et Tien-tsin au
Pacifique, et la côte chinoise, visible à l'œil nu,
de Weï-haï-weï à Tche-fou. En outre, basse et

plate, au point que les vapeurs ne peuvent s'approcher de plus d'une lieue et demie, du Ya-lou jusqu'à la hauteur de Chin-chow-chang, elle change là brusquement de physionomie, dresse des falaises parfois perpendiculaires, au lieu d'étaler d'immenses plages vaseuses, et ouvre, entre ces rochers, la spacieuse rade de Taï-lien-ouan, où des milliers de vapeurs pourraient mouiller et se mouvoir à l'aise, et tout au bout, tout au bout, presque à la pointe de l'épée, une brèche étroite comme une porte, donnant accès à une lagune entourée d'un cercle de collines, dont les eaux alimentent une petite rivière et plusieurs étangs.

C'est là que les ingénieurs du syndicat français bâtirent autrefois le Brest de l'escadre du nord, l'enfant chéri de Li Hung Chang, Port Arthur. Les Japonais, qui l'avaient conquis facilement, les 19 et 20 novembre 1894, sur les Chinois, savaient bien que, qui y logerait une bonne garnison et une bonne division navale, serait le portier-consigne du Tchéli, le maître virtuel de Pékin, de la Chine septentrionale, de la Mandchourie et de la Corée.

Aussi, pour le conserver, eurent-ils soin de ne pas demander seulement le Kouang Tong. Ils se firent céder par la Chine, le Liao-Tong tout entier, et la moitié de la vice-royauté du Chin-King. On comprend quelle douleur les a tourmentés, quand ils se sont vus contraints de rendre à la Chine ce tout, dont ils ne prenaient que la plus petite partie; et quels sentiments les ont agités, quand la Russie a obtenu, sans coup férir, par les conventions Cassini, de 1895, et Mourawieff, de 1897, d'abord le droit de prolonger le Transsibérien, de Stretensk à Vladivostock, à travers la Mandchourie, et ensuite, la cession à bail de Taï lien Ouan et de Port Arthur, et le droit de faire aboutir dans ces deux ports les derniers rails du Transmandchourien. Ils avaient battu les buissons pour qu'un autre prît les oisillons et un de ceux-là mêmes qui s'étaient constitués contre lui les protecteurs de la liberté de ces oisillons, les mettait dans sa propre cage! Ils connurent l'état d'âme de l'homme condamné à fouler tous les jours, en étranger, une terre violemment arrachée à ses ancêtres.

Ils s'efforcèrent alors de retenir au moins cette Corée, qu'ils sentaient glisser lentement vers l'attraction de la colossale ligne ferrée poussée sans relâche de Moscou au Pacifique. Ils brusquèrent les événements. La reine de Corée les haïssait et les tenait en échec. Leur ambassadeur à Séoul, le vicomte Mioura Goro, la fit asassiner par des soshi, le 8 octobre 1895, deux mois avant la date fixée pour leur évacuation de Taï lien Ouan, Port-Arthur, Chin-chow-chang et Niou-chouang. Le père du roi, le Taï Ouen Koun, ressaisit la dictature, avec leur appui, et appela leurs hommes au ministère. Ils tenaient la victoire... Mais la Russie était servie à Séoul par un de ces agents qui font peu de bruit, peu de frais de représentation, mais beaucoup, beaucoup de besogne..... Et une nuit de février 1896, le 8, le roi de Corée sortit de son palais et vint chercher asile à la légation, ou M. Waeber lui aménagea aussitôt un logement indépendant, suffisant pour lui et sa cour, et d'où il reprit l'exercice du pouvoir.

Ce coup de partie renversait les rôles. Le Japon avait laissé voir, à qui n'était pas volontairement aveugle, que son action en Corée avait pour fin l'annexion de ce pays. Il ne pouvait plus soutenir le rôle assumé par lui, au début de la guerre contre la Chine, de champion de la civilisation contre la barbarie et d'émancipateur d'un peuple frère opprimé et incapable de recouvrer, sans aide extérieure, sa liberté. La Russie reprit à son compte ce protocole de désintéressement, s'y tint fermement et eut depuis le talent et le bonheur de forcer son adversaire à se découvrir complètement, et à avouer ses desseins de conquête économique, sinon immédiatement ses projets de prise de possession effective en vue de déverser, en terrain approprié, le trop plein de son active population.

Toutes ces considérations ne sont pas arbitraires. Elles sont le développement naturel du document russe, comme on va le voir par le texte ci-joint, qui reproduit *in extenso*, outre le Protocole et le Memorandum signés par les représentants de la Russie et du Japon, l'article, évidemment communiqué de haut lieu, par lequel le *Journal de Saint-Pétersbourg* les commenta.

Ces instruments diplomatiques avaient été préparés à Séoul par MM. Waeber, ministre de Russie, et Komoura, ministre du Japon, avec l'absolue discrétion qui caractérise les diplomates et fonctionnaires de ces deux Etats. Le couronnement du tsar Nicolas II à Moscou, en mai 1896, fournit la couverture nécessaire au secret des négociations finales.

Une mission honorifique fut envoyée par l'empereur Moutsou-Hito, comme par tous les chefs d'Etats. Elle eut pour chefs le prince Foushimi, cousin de Sa Majesté, et le maréchal Yamagata, le conquérant de la Corée. Pour éviter les filets à nouvelles tendus tout autour de l'Ancien Monde, elle fit route par Vancouver et par le Canada, pour Paris. Mais qui était au courant des affaires extrême-orientales ne pouvait douter, qu'outre les compliments diplomatiques, de style, à chaque couronnement, la mission japonaise n'emportât dans ses valises un arrangement relatif à la Corée.

Il fut signé pendant les cérémonies du Kremlin, le 9 juin 1896, et rendu public, un an plus tard par le *Journal de Saint-Pétersbourg*, en ces termes :

« Les arrangements entre la Russie et le Japon qui sont publiés présentement ont été conclus respectivement à Moscou et à Séoul, en suite de notre désir d'écarter tout malentendu avec le Gouvernement japonais par rapport aux affaires coréennes. *Ils sont une conséquence immédiate de la guerre sino-japonaise, ainsi que de la situation créée à la Corée par les événements de cette guerre.*

« Ces arrangements ne portent atteinte en aucune manière au principe fondamental de l'indépendance de la Corée, formulé dans l'article premier du traité de paix de Chimonosaki, entre la Chine et le Japon. *Le Gouvernement coréen conserve sa pleine liberté d'action dans toutes les questions de politique intérieure et extérieure.* La Russie et le Japon reconnaissent seulement, dans les arrangements conclus entre eux, qu'ils sont prêts mutuellement à fournir leur concours au Gouvernement coréen, *en vue d'assurer* D'UNE MANIÈRE STABLE *l'ordre temporairement troublé par suite des secousses causées par le conflit sino-japonais.* Le seul moyen sûr d'atteindre ce but peut être la formation de troupes et d'une police indigènes, dont il est fait mention dans le Protocole du 28 mai (9 juin grégorien), et qui n'existent pas dans le pays.

« D'un autre côté, le Memorandum signé à Séoul par le conseiller d'Etat Waeber, chargé d'affaires de Russie, et par M. Komoura, représentant japonais, bien qu'il ait précédé de quelque temps la conclusion du Protocole susmentionné, forme un complément nécessaire de ce dernier. Ce Memorandum indique nettement le but commun poursuivi par les deux parties contractantes, à savoir : *la cessation de toute occupation étrangère en Corée, fût-ce même par un chiffre de troupes insignifiant, et cela dans le délai le plus rapproché possible.* »

PROTOCOLE

« Le Secrétaire d'Etat, prince Lobanow-Rostovski, Ministre des Affaires Etrangères de Russie, et le maréchal marquis Yamagata, ambassadeur extraordinaire de S. M. l'Empereur du Japon, ayant échangé leurs vues sur la situation de la Corée, sont convenus des articles suivants :

« I. — Les gouvernements Russe et Japonais, dans le but de remédier aux embarras financiers de la Corée, conseilleront au gouvernement coréen de supprimer toute dépense inutile et d'établir un équilibre entre ses dépenses et ses revenus. Si, à la suite de quelques réformes reconnues indispensables, il devenait nécessaire de recourir à des emprunts étrangers, les deux gouvernements prêteront, d'un commun accord, leur appui à la Corée.

« II. — Les gouvernements Russe et Japonais essaieront d'abandonner à la Corée, autant que le permettra la situation financière et économique de ce pays, la création et l'entretien d'une force armée et d'une police indigène, dans des proportions suffisantes pour maintenir l'ordre intérieur, sans secours étranger.

« III. — En vue de faciliter les communications avec la Corée, le Gouvernement Japonais continuera à administrer les lignes télégraphiques qui s'y trouvent actuellement entre ses mains. *Il est réservé à la Russie d'établir une ligne télégraphique de Séoul à ses frontières.* Ces différentes lignes pourront être rachetées par le gouvernement coréen, aussitôt qu'il en aura les moyens.

« IV. — Dans le cas où les principes ci-dessus exposés exigeraient une définition plus précise et plus détaillée, ou bien, si, par la suite, il surgissait d'autres points sur lesquels il serait nécessaire de se concerter, les représentants des deux gouvernements seront chargés de s'entendre là-dessus à l'amiable. »

« Fait à Moscou, le 28 mai (9 juin) 1896. »

« LOBANOW, YAMAGATA. »

MEMORANDUM

« Les représentants de la Russie et du Japon à Séoul, après s'être concertés entre eux en vertu d'instructions identiques de leurs gouvernements, sont arrivés aux conclusions suivantes :

« I. — En abandonnant à l'examen et à la décision personnelle du roi de Corée la question de son retour dans son palais, les deux représentants conseilleront amicalement à Sa Majesté de s'y rendre de nouveau, *aussitôt qu'il n'y aura plus le moindre doute sur sa sécurité. Le représentant japonais donnera, de son côté, l'assurance que les mesures les plus complètes et les plus efficaces seront prises pour la surveillance des soshi japonais.*

« II. — Les ministres constituant le cabinet actuel ont été nommés par le libre choix de Sa Majesté, et ont occupé déjà, pour la plupart, des postes ministériels ou d'autres fonctions élevées dans le cours de ces deux dernières années, en étant connus par leur esprit éclairé et leur modération. Les deux représentants s'efforceront toujours de conseiller à Sa Majesté de nommer pour ministres des personnes modérées et éclairées, et d'user de mansuétude envers ses sujets.

« III. — Le représentant de la Russie partage entièrement l'opinion du représentant du Japon, comme quoi, dans l'état actuel de la Corée, il semble indispensable de conserver dans certaines localités les corps de garde japonaise pour protéger la ligne télégraphique entre Fousan et Séoul, et, de plus, comme quoi ces corps de garde, constitués actuellement par trois compagnies de ligne, doivent être retirés à la première possibilité, et remplacés par des gendarmes répartis comme suit : 50 hommes à Taï Kou, 50 à Kaheung, et 10 dans chacun des postes intermédiaires entre Fousan et Séoul. Bien que cette répartition puisse être l'objet de quelques modifications, le nombre total des gendarmes ne devra jamais dépasser 200 hommes, qui, par la suite, seront successivement rappelés des localités où la paix et l'ordre auront été suffisamment rétablis par le gouvernement coréen.

« IV. — Pour protéger les quartiers japonais (settlements), à Séoul et dans les ports ouverts, contre la possibilité d'attaques de la part de la populace indigène, des troupes japonaises pourront être postées, dans la mesure de deux compagnies à Séoul, une à Fousan, et une à Gensan, l'effectif de chaque compagnie ne devant pas dépasser 200 hommes. Ces troupes seront cantonnées près des quartiers en question (settlements) et devront être rappelées, aussitôt que le danger d'attaques semblables aura cessé.

« Pour la protection de la Légation et des Consulats russes, *le gouvernement russe peut aussi tenir une troupe de garde qui ne dépasse pas le nombre des troupes japonaises dans les mêmes localités; elle sera rappelée* aussitôt que la tranquillité à l'intérieur du pays aura été définitivement rétablie.

« Séoul 2 (14 grégorien) mai 1896.

« Ch. WAEBER,

« *représentant de la Russie,*

« KOMOURA,

« *représentant du Japon.* »

Ce dernier document rédigé en anglais, est antérieur, par conséquent de vingt-six jours au Protocole de Moscou précité. Il prouve que la Russie n'a pas perdu le temps qu'employaient à leur voyage le prince Foushimi et le maréchal Yamagata, et qu'elle a su, avant d'ouvrir les pourparlers définitifs, en arrêter les termes assez nettement pour qu'il ne restât plus à leur donner que des développements généraux et des précisions de détails.

Néanmoins, le *Journal de Saint-Pétersbourg* a cru devoir donner le pas au Protocole sur le Memorandum, et nous n'avons pas changé cette disposition, voulant reproduire intégralement et textuellement un document d'une importance capitale pour l'intelligence de la question coréenne et du rôle qu'elle joue dans la guerre actuellement faite par le Japon à la Russie.

On peut dire qu'il mettait à néant toute l'œuvre des Japonais en Corée depuis le 25 du mois de juillet 1894, date à laquelle le comte Otori avait occupé le palais du roi Li Hsi. Cette politique avait suivi un cheminement couvert, qui fait penser aux anciennes attaques de ports par le « mantelet ».

Le 1er août 1894, une alliance offensive et défensive avait été signée. Le Japon, « pour maintenir l'indépendance de la Corée sur un fondement ferme, et *développer les intérêts du Japon et de la Corée* en chassant l'armée chinoise du territoire coréen », mettait au service de son allié toutes ses forces de terre et de mer. Mais il stipulait que ce traité serait caduc à la conclusion d'un traité de paix entre la Chine et lui.

Mais bientôt, à mesure que l'effondrement militaire de la Chine suivait son cours, l'attitude du « Bon Samaritain » changea. Il voulut faire voir que la maison était à lui, et s'assurer les moyens de « le faire paraître ». Il développa les « 20 suggestions », adressées à S. M. Li Hsi par son ambassadeur à Séoul, le comte Inonye, en donnant à l'armée coréenne des instructeurs japonais, en bouleversant l'organisation provinciale, en remplissant les ministères de « conseillers juristes nippons, en envoyant ses navires dans des ports coréens non ouverts aux étrangers, comme Han-san et Mokpo, et en faisant contracter chez lui, par son allié, un emprunt de 7,800,000 francs, portant intérêts à 6 o/o, et remboursable entre le 30 mars 1894 et le 31 décembre 1899, par annuités. On espérait bien, et on ne peut guère y voir que l'invitation d'autres peuples habitant une autre hémisphère, que les Coréens, faute de ressources, resteraient aussi longtemps à la merci de leurs créanciers que le Khédive ou le Sultan, par exemple.

Mais, après la proclamation de l'indépendance de la Corée par l'article premier du traité de Chimonosaki, le Japon continua de gérer les services postaux et télégraphiques existant alors, à maintenir sa grande croisée de « souhs » (postes-magasins) écartelée de Séoul vers les quatre directions cardinales : Fousan, Tchemoulpo, Oui-djiou, sur le Yalou, et Gensan. L'occupation militaire était ainsi complète et solide.

On peut voir, en se reportant aux textes du Memorandum de Séoul et du Protocole de Moscou, que la Russie a pris le contre-pied du travail punique de son contractant, et n'en a pas laissé subsister un morceau entier.

Elle a même fait mieux. Elle a rétabli la situation antérieure de la Corée, depuis 1876, sans y réinstaller la suzeraineté chinoise, mais en y implantant, à la place du *Condominium* que le Japon avait réussi à imposer à la Chine par les traités de Tien-tsin, de 1876 et de 1885, un protectorat à deux, pour l'exercice duquel elle substituait, en face du Japon, le « tsar blanc », héritier de la « lance blanche » de Gengis Khan, au Fils du Ciel.

La Russie étendit plus loin ces avantages en remplaçant par des instructeurs militaires à elle, et par un conseiller financier, également à elle, les Japonais que S. M. Li Hsi avait, plus ou moins volontiers, chargés de former ses soldats et de réorganiser son administration politique et financière.

On a vu plus haut, dans les chapitres consacrés au commerce et à l'émigration japonaise en Corée, comment les ingénieux et actifs insulaires réussirent à conserver, et même à étendre, l'avance qu'ils avaient prise dans ce pays pour le commerce et l'industrie.

La Russie la reconnut de bonne grâce. Elle

retira deux ans plus tard ses instructeurs, et compléta le 25 avril 1898, le Protocole de Moscou et le Memorandum de Séoul par un nouvel instrument diplomatique, que le *Message officiel de l'empire* publia en ces termes, le 11 mai 1898 :

« Depuis la fin de la guerre sino-japonaise, le gouvernement impérial n'a cessé de mettre tous ses soins à assurer *l'intégrité complète* et *l'indépendance* de l'Etat coréen. Au début, lorsqu'il s'est agi de poser les bases solides de l'organisation financière et militaire du *jeune Etat*, il était naturel que celui-ci ne pût se passer d'un soutien étranger. C'est pourquoi, en 1895, le souverain de Corée avait adressé à l'Empereur la demande instante d'envoyer à Séoul des instructeurs et un conseiller financier russes.

« Grâce à l'assistance que la Russie lui a témoignée *en temps utile*, la Corée est entrée maintenant *dans une voie où elle peut se suffire à elle-même sous le rapport administratif.*

« Cette circonstance a donné à la Russie et au Japon la possibilité de procéder à un échange d'idées amical pour déterminer d'une *manière claire et précise* les relations réciproques *des deux Etats en présence de la situation nouvellement créée dans la Péninsule coréenne.*

« Les pourparlers en question ont abouti à

la conclusion de l'arrangement ci-dessous, *destiné à compléter le Protocole de Moscou*, et qui a été signé, d'ordre de l'empereur, par notre ministre à Tokio.

« Par stipulation *essentielle* de cet arrangement, les deux gouvernements confirment *définitivement la reconnaissance par eux de la souveraineté et de l'entière indépendance de l'Empire Coréen, et prennent en même temps l'engagement mutuel de s'abstenir de toute ingérence dans les affaires intérieures de ce pays.*

Dans le cas où la Corée aurait besoin de l'assistance *d'un* des Etats contractants, la Russie et le Japon *s'engagent à ne prendre aucune mesure, concernant la Corée, sans accord préalable entre eux.*

PROTOCOLE

« Le conseiller d'Etat et chambellan, baron de Rosen, envoyé extraordinaire et le Ministre des Affaires étrangères de l'Empereur du Japon, *afin de donner* suite à l'article 4 du Protocole signé à Moscou, le 28 mai-9 juin 1896, entre le prince Lobanow et le marquis Yamagata, dûment autorisés à cet effet, ont convenu les articles suivants :

« Article premier. — Les gouvernements impériaux de Russie et du Japon reconnaissent *définitivement* la souveraineté et l'entière indépendance de la Corée, et *s'engagent mutuellement à s'abstenir de toute ingérence directe dans les affaires intérieures de ce pays.*

« Art. 2. — Désirant écarter toute cause possible de malentendu dans l'avenir, les gouvernements Impériaux de la Russie et du Japon s'engagent mutuellement dans le cas où la Corée aurait recours au conseil et à l'assistance, soit de la Russie, soit du Japon, à ne perdre aucune mesure pour la nomination d'instructeurs militaires et de conseillers financiers, sans arriver préalablement à un accord mutuel à ce sujet.

« Art. 3. — *Vu le large développement pris par les entreprises commerciales et industrielles du Japon en Corée, ainsi que le nombre considérable de sujets japonais résidant dans ce pays, le gouvernement russe n'entravera point le développement des relations commerciales et industrielles entre le Japon et la Corée.*

« Fait à Tokio, en double, le 13-25 avril 1898.

« Rosen, Nishi.

« L'acte diplomatique ci-dessus témoigne que les deux Etats ont reconnu tout naturellement la nécessité d'assurer réciproquement la tranquillité dans la péninsule voisine, en sauvegardant l'indépendance politique et l'ordre intérieur du jeune Empire Coréen.

« A la suite de la conclusion de cet arrangement amical, la Russie se trouve à même de diriger tous ses soins et tous ses efforts vers l'accomplissement de la tâche historique et essentiellement pacifique qui lui incombe sur les bords du Grand Océan. »

Aujourd'hui, chacun des mots de ce dernier paragraphe vibre, comme une ironie cinglante...

A ce moment, on ne pouvait y découvrir que l'esprit de suite et de patience inlassable, caractéristique de la politique moscovite. La Russie avait accepté une tutelle à exercer avec un co-tuteur, sur un Etat déjà limitrophe d'elle au Touman. Elle le proclamait émancipé, majeur, et faisait signer sa déclaration, et le compte rendu de sa tutelle par son associé... Elle pouvait également attester le caractère essentiellement pacifique de la tâche historique qui lui incombe sur les bords du grand océan... Il y a encore beaucoup de gens assez étrangers aux études historiques pour ignorer que les progrès réalisés par tel ou tel peuple dans ce qu'ils nomment béatement « les arts de la paix » ont été les générateurs d'à peu près toutes les guerres,

et que seul a raison, dans son impassibilité
transcendante, le grand poète qui a écrit :

> Le progrès, calme et fort, et toujours innocent,
> Ne sait pas ce que c'est que de verser le sang.

C'est une rosée rouge, aussi légère sur les pla-
teaux où s'établit l'équilibre universel que le
brouillard d'argent d'un matin de septembre sur
une prairie de France.

La Russie savait bien, à ce moment-là même,
que l'instrument décisif, forgé par elle pour « sa
mission historique et essentiellement pacifique »
« sur les bords du grand océan », ferait, dans
toute la région Sino-Coréo-Japonaise, l'effet d'un
boute-feu tombant sur la lumière d'un canon
chargé.

Dès 1895, dès la révélation, par le *Times*,
de la convention Cassini, aucun esprit réfléchi
ne douta que le Transsibérien ouvrirait la question d'Extrême-Orient et causerait une nouvelle
guerre... Des circonstances, moins fortuites
peut-être qu'on ne l'admet généralement, ont
empêché ce branle-bas d'éclater au moment où
le prince Touan a déchaîné les Boxeurs... Mais
le report a été fait.

Au commencement de novembre 1901, le
Dʳ Morrison, maintenu, comme correspondant
du *Times* en Chine, nonobstant la paix signée,

adressait à son journal le texte suivant, d'une convention signée, un peu avant la mort de Li-Hung-Chang, entre la Russie et la Chine, au sujet de la Mandchourie.

Cette province avait été occupée par les Russes à partir du 20 septembre 1900, date à laquelle je les ai vus prendre part, avec un détachement français, commandé par le lieutenant-colonel Leblois, à la prise des forts de Peï tang, front nord du camp retranché de Takou.

« Article premier. — La Russie consent à *rétrocéder* la Mandchourie à la Chine, le pays devant continuer à figurer sur la carte chinoise comme avant l'occupation russe et être administré par des fonctionnaires chinois.

« Art. 2. — L'accord du 27 août 1896 avec la Banque russo-chinoise est, par la présente, déclaré valable pour une durée indéterminée, et *la protection du chemin de fer transmandchourien et des sujets russes est garantie.*

« *S'il n'y a pas de nouvelles révoltes*, ET SI D'AUTRES PUISSANCES N'INTERVIENNENT PAS, les forces russes seront retirées graduellement comme suit :

« En 1901, des quatre sections du sud de la province de Moukden, jusqu'à la rivière Liao (Sira Mouren), en même temps que la remise à la Chine du chemin de fer Changhaï-Kouan-Niouchouang;

« En 1902, les forces qui resteraient dans la province de Moukden devront être retirées;

« En 1903, on envisagera la possibilité de retirer toutes les forces des deux autres provinces de Kirin et de Haï-Loung-Kiang.

« Art. 3. — Les gouverneurs militaires des trois provinces devront, d'accord avec les autorités militaires russes, déterminer le nombre des troupes chinoises devant tenir garnison dans la Mandchourie, et les places où elles devront être stationnées, et la Chine ne devra pas augmenter ce nombre ou les faire avancer au delà de la limite décidée. *Excepté dans le territoire indiqué comme appartenant à l'administration du chemin de fer transmandchourien,* les gouverneurs devront se servir des troupes chinoises d'infanterie et de cavalerie pour faire la police, *mais ils ne pourront se servir d'artillerie.*

« Art. 4. — Le chemin de fer de Changhaï-Kouan-Niouchouang-Sin Min Ting sera rendu à ses premiers propriétaires; mais d'autres puissances ne pourront pas envoyer des troupes pour protéger la ligne qui, avec tout le terrain qu'elle occupe, ne devra être protégée que par des troupes chinoises.

« Les réparations et le maintien de la ligne devront être entièrement conformes aux clauses du traité russo-chinois et à la convention sur l'emprunt du chemin de fer.

« *Sans la permission de la Russie, aucune prolongation du chemin de fer ou la construction de lignes secondaires ne seront pas permises* DANS LE SUD DE LA MANDCHOURIE; il est également convenu de ne pas reconstruire le pont sur la rivière Liao, ni les terminus de la voie ferrée.

« Les dépenses faites par la Russie pour les réparations du chemin de fer Changhaï-Kouan-Niouchouang-Sin Min Ting, et les frais faits pour son maintien seront remboursés. »

Le Dr Morrison avait fait précéder ce texte de cette réflexion topique :

« Comme on a lancé dans la circulation de nombreuses versions du texte de la convention mandchourienne, il est essentiel d'avoir sous les yeux le texte exact de ce projet de convention, tel qu'il a été communiqué par le grand conseil aux vice-rois intéressés, pour comprendre les protestations de ces derniers. »

Il est aussi d'autres textes, écrits ou *phono-graphiés*, qui contribueraient utilement à faire « comprendre les protestations » des vice-rois..., et nous regretterons à jamais de ne pas les avoir, en nous souvenant, toutefois, que, le plus souvent, l'historien « *vrai philosophe, et enquesteur de choses primeraines* » n'arrive pas à enchaîner sans lacune la série complète des causes et des effets. Il laisse, alors, la brèche si nettement dessinée dans l'assemblage des matériaux, que ce vide ne nuit pas à la cohésion de son récit.

Ce télégramme du Dr Morrison a été adressé de Han Kéou, énorme ville de plus d'un million d'âmes, située au beau milieu du cours utilisable du Yang-tse-Kiang, entre sa sortie des gorges thibétaines et les îles Chou-san, point terminal du grand chemin de fer franco-belge de Lan Han, déjà fort avancé, et du railway américain construit depuis Canton. Cette position stratégique et économique commandante, au nœud même de la Chine, est la capitale des deux vice-royautés de Hou-Nan et de Hou-Pé, réunies sous le nom de Hou-Kouang, aux mains du célèbre Tchang-Tche-Tong.

Moins bruyant, mais beaucoup plus populaire en Chine, et plus estimé en Europe que Li-Hung-Chang, Tchang-Tche-Tong, depuis l'affaire des Boxeurs en 1900, apparaît comme la tête d'un véritable « trust » des vice-rois en général, et surtout de ceux de la vallée du Yang-tse, sur laquelle les visées de l'Angleterre sont connues et surveillées.

Intelligenti pauca….. En haine de Li-Hung-Chang, accusé d'être l'homme des Russes, le très lettré Tchang a continué l'intéressant mouvement nationaliste chinois qu'il a tenté de créer depuis six ans par l'adoption, graduée et rationnelle, des usages européens dont l'acclimatation antérieure au Japon aurait démontré la compatibilité avec la nature jaune, et atténué la virulence. Il n'arbore pas pour devise : *La Chine aux Chinois!* mais il ménage, ou préconise, une série de réformes, dont l'accomplissement purgerait l'hypothèque des puissances blanches sur le Céleste Empire.

Le « Trône », au pays des salanganes, n'est pas bastionné et gabionné. Faute de canons, de régiments et d'escadres, il oppose à la pression continue des forces étrangères sur son apparente faiblesse, le tissu, à la fois souple et fort, des traditions ancestrales et des attributions multiples de ceux qui les appliquent « paternellement », en rapprochant un reflet de sa lumière des sujets dont la garde lui a été confiée par la Puissance du ciel. On peut dire, d'une manière générale, qu'un ordre, émané de lui, est toujours obéi... Mais il a parfois intérêt à prendre conseil, et à s'autoriser de cet usage, incontestablement immémorial, pour écarter, en égarant la responsabilité de son refus sur une collectivité insaisissable, des demandes qu'il juge dangereuses pour « la Fleur du Milieu », mais sent ne pouvoir refuser, sans attirer la foudre qu'il faut détourner d'elle.

La Russie est aussi bien servie que l'Angleterre, par ses consuls et ses ambassadeurs. Elle connaît la Chine, et les Chinois... Quand elle vit l'opposition acharnée des vice-rois à la convention mandchourienne, elle essaya de la faire disparaître, par les moyens ordinaires. Elle laissa même amender, à son détriment, ce contrat bilatéral, gagnant ainsi le temps nécessaire à la construction des derniers ouvrages du Transmandchourien, et jouant, à son tour, pour la gagner, du mandarin, comme l'Angleterre...

La Russie alla même jusqu'à commencer l'évacuation des « quatre sections sud de la province de Moukden »... Mais en Chine, le brigandage est aussi normal que la pluie à Brest. Derrière les Cosaques, les paysans vinrent s'approvisionner de fer et de bois gratuits en enlevant boulons, vis, éclisses, traverses, etc., du chemin de fer... Cas prévu, et incontestablement à prévoir, pour quiconque a fait seulement une promenade de huit jours en dehors des concessions européennes. Le gouvernement chinois, d'autre part, ne dispose ni d'assez d'hommes ni d'assez d'argent, pour assurer, contre ces déprédations, l'énorme capital matériel et moral que représente le Transmandchourien. Personne ne pouvait raisonnablement chicaner à la Russie le droit de protéger, par ses moyens propres, un instrument de civilisation, dont le bon état et le bon fonctionnement importent déjà, et importeront, de plus en plus, à l'humanité tout entière...

Mais l'aspect seul d'une carte révèle que la

garde des voies de Stretensk à Karbine, de Karbine à Vladivostock, et de Karbine à Port-Arthur, équivaut exactement à l'occupation de la Mandchourie par les Russes, car la vie se retirera des parties éloignées de cette artère pour affluer autour d'elle et se développer.

Le Japon a certainement compris tout cela. Peut-être a-t-il trop préjugé de ses forces en entamant lui-même la guerre après avoir, le premier, rompu les relations diplomatiques. Quoi qu'il en soit, il ne pouvait adopter un parti différent. La Corée attirée, tout doucement, dans le tourbillon russe, devenait, peu à peu, une sorte de Khanat de Bokkara et d'ailleurs, où la Russie est bien plus commodément maîtresse, en laissant au souverain indigène le pouvoir apparent, et en gardant les moyens réels de l'exercer pour elle.

Or, comme il a été expliqué dans un chapitre précédent, la Corée est considérée par le Japon comme le prolongement indispensable de son archipel sur le continent. Des forces fatales et parfaitement incoercibles, on l'a vu, contraignent le Japon à chercher et à trouver un terrain d'épandage; il ne peut le trouver qu'en Asie, et, sur ce continent, qu'en Corée.

Aucun ministère japonais, aucun gouvernement, quel qu'il soit, ne pourrait laisser une puissance étrangère lui fermer impunément la Corée ou se substituer à lui dans ce pays. S'il n'appelait pas la nation aux armes, elle les saisirait d'elle-même, et renouvellerait 1793 sur l'autre face de la terre, en balayant un gouvernement traître à la patrie, et en entamant une lutte désespérée, où elle saurait bien qu'elle jouerait son va-tout de nation. En déclarant la guerre, au contraire, le gouvernement unit autour de lui tous ses adversaires de la veille et du lendemain. Plus de rivalités de clans! Plus de rivalités de groupes politiques! Il n'y a plus que des Japonais, et « *Nippon Bauzaï!* » (vive le Japon).

Partie terrible à jouer, même si le joueur téméraire compte, avec certitude fondée, qu'une intervention puissante le sauvera des conséquences suprêmes de son coup de tête...

Le Japon, néanmoins, a jeté les dés. Il vient de violer les conventions bilatérales de 1896 et de 1898, en envahissant la Corée, et en occupant Séoul. Il la conquerra, et la Russie lui balaiera la route pour qu'il en parachève la conquête et s'en affirme le maître incontestablement.

Mais elle concentrera, pendant ce temps, toutes ses forces, et leur débordement, du haut des Chan yan aline, refoulera l'armée japonaise jusqu'à Fousan, et peut-être au delà...

Et alors la Russie pourra très légitimement ajouter la Corée aux champs sibériens insuffisants à contenir toute l'émigration des Terres Noires. Elle l'aura conquise, non pas après une invasion directe, mais en poursuivant un envahisseur qui employait la Corée pour base d'opérations hostiles contre la Sibérie et le chemin de fer transsibérien. Elle n'aura pas mis elle-même fin à une indépendance, reconnue et garantie solennellement par elle. Elle aura arraché à son co-contractant, en rupture de parole, un territoire dont il faisait un usage dangereux. Elle aura usé simplement de la légitime défense...

Et quand viendront les discussions pour la paix, la Russie pourra très valablement répondre aux interlocuteurs plus ou moins intéressés, qui s'adresseront à elle : « Je ne touche pas au Japon. Je me contente de lui prendre, et de garder, pour toute indemnité, une conquête qu'il avait faite, et sur laquelle, de son propre aveu, ni vous ni d'autres n'avaient aucun droit, avant qu'il ne changeât l'état des choses par sa prise de possession... »

Et que répondre ?

Le Japon, enfermé dans son archipel, devra se recueillir quelque temps. La Russie colonisera toute la Corée, sans pour cela empêcher les Japonais d'y faire leurs affaires, industrielles ou commerciales, honnêtement. Prépondérante dans toute cette région du Pacifique, elle voudra manger elle-même les marrons grillés dans son foyer. A quoi le monde anglo-saxon ne paraît pas près d'acquiescer. En réclamant la « porte ou-

ver/e » il fait connaître sa prétention d'être le
m/itre chez les autres...

La question d'Extrême Orient est donc ouverte
et désormais imposée aux blancs, qui n'ont rien
épargné, depuis cinquante ans, pour réveiller la
race jaune, et ajouter un péril à tous ceux qui
jalonnent de points noirs notre horizon.

Le XXe siècle ne suffira peut-être pas à résoudre
ce problème, surtout si la Chine est appelée à
fournir des compensations, pour rétablir l'équilibre rompu au profit de la Russie...

Et il est possible que les développements suc-
cessifs de la solution de la question du Pacifique
ou d'Extrême Orient changent aussi profondément la carte politique de l'univers et la marche
de la civilisation que l'a fait, du IVe au
XVe siècle de notre ère, l'établissement de races
étrangères au monde helléno-celto-latin des bords
de la Méditerranée, sur toute la surface, romani-
sée ou non, de l'Europe, de l'Afrique et de l'Asie.

Ainsi serait réalisée la grandiose et sombre
vue des boudhistes, des « *manvantara* » et des
« *pralaya* », des léthargies et des réveils millé-
naires de la vie, propagée, comme les ondes de
la lumière, d'étoile en étoile, dans l'infini du fir-
mament !

*Ecrit en mer, par 42° 49' long. ouest et 45° 23'
nord. Jeudi 18 février 1904, midi sonnant.*

TABLE DES MATIÈRES

Imp. PAUL DUPONT. — Paris, 1er Arr^t. — 312.3.1904 (Cl.)

9 782329 809175